PROJETO DO PAI

Coleção Jesus Mestre

- *Projeto do Pai: roteiro para estudo do Antigo Testamento* – Pe. Dirlei Abercioda Rosa
- *Cativados por Cristo: catequese com adultos* – Nic Masi
- *ABC da iniciação cristã* – Antonio José de Almeida
- *A missa e suas partes: para celebrar e viver a eucaristia* – José Raimundo de Melo
- *ABC do Concílio Vaticano II* – Antonio José de Almeida
- *Em que o Vaticano II mudou a Igreja* – Agenor Brighenti

Dirlei Abercio da Rosa

PROJETO DO PAI

Roteiro para estudo do Antigo Testamento

Dados Internacionais de Catalogação na Publicação (CIP)
(Câmara Brasileira do Livro, SP, Brasil)

Rosa, Dirlei Abercio da
   Projeto do Pai : roteiro para estudo do Antigo Testamento / Dirlei Abercio da Rosa. – São Paulo : Paulinas, 2010. – (Coleção Jesus Mestre)

   ISBN 978-85-356-2614-8

   1. Bíblia. A.T. - Estudo e ensino   I. Título.   II. Série.

| 10-02861 | CDD-220.07 |

Índice para catálogo sistemático:
1. Bíblia : Estudo e ensino   220.07

1ª edição – 2010
3ª reimpressão – 2019

Mapas 2, 3, 4, 6 e 7:
© 2002 Sociedades Bíblicas Unidas. Usados com permissão.
Mapas 1, 5, 8, 9 e 10:
Atlas bíblico (São Paulo, Paulinas, 2010)

Direção-geral: *Flávia Reginatto*
Editores responsáveis: *Vera Ivanise Bombonatto e Antonio Francisco Lelo*
Copidesque: *Amália Ursi*
Coordenação de revisão: *Marina Mendonça*
Revisão: *Leonilda Menossi e Ruth Mitzuie Kluska*
Direção de arte: *Irma Cipriani*
Assistente de arte: *Sandra Braga*
Gerente de produção: *Felício Calegaro Neto*
Projeto gráfico: *Manuel Rebelato Miramontes*
Imagem da capa: *Claudio Pastro*

Nenhuma parte desta obra poderá ser reproduzida ou transmitida por qualquer forma e/ou quaisquer meios (eletrônico ou mecânico, incluindo fotocópia e gravação) ou arquivada em qualquer sistema ou banco de dados sem permissão escrita da Editora. Direitos reservados.

Paulinas
Rua Dona Inácia Uchoa, 62
04110-020 – São Paulo – SP (Brasil)
Tel.: (11) 2125-3500
http://www.paulinas.com.br – editora@paulinas.com.br
Telemarketing e SAC: 0800-7010081
© Pia Sociedade Filhas de São Paulo – São Paulo, 2010

Em memória de minha mãe,
Maria dos Prazeres Rosa († 2003).

Agradeço a cooperação de vários amigos,
mas deixo minha sincera gratidão
a Ivan Teodoro e colegas da Artfacto, pela paciência e ajuda
na elaboração do gráfico sobre o Antigo Testamento.

COLEÇÃO JESUS MESTRE

Oferecer material didático para a formação básica e permanente dos catequistas em suas paróquias e dioceses, segundo os objetivos do *Diretório Nacional de Catequese* (cf. nn. 254-260; 289-291), torna-se um grande desafio. O *Diretório* solicita que o pároco e os responsáveis assegurem a formação adequada e permanente dos catequistas, em nível local, sistematizando escolas paroquiais de catequese (n. 325g). A coordenação diocesana da catequese deverá assumir a mesma tarefa (n. 327g).

A Coleção Jesus Mestre quer sistematizar o conteúdo, a metodologia e o material pedagógico para que impulsionem as escolas catequéticas diocesanas e paroquiais. Com este objetivo, Paulinas convidou especialistas que assumiram o desafio de abordar os temas fundamentais da fé cristã com uma linguagem adequada, que se afasta de termos muito técnicos e, ao mesmo tempo, conserva a clareza para seu correto entendimento.

Desejamos que a Coleção cumpra sua missão de ajudar muitos catequistas a se prepararem bem para o seu ministério, recordando que "nenhum catequista nasce pronto", mas todos temos de seguir nos aperfeiçoando com uma formação continuada. Nossa fé requer respostas convincentes para os tempos de hoje, pois nossos catequizandos são os primeiros a questioná-la.

Pe. Antonio Francisco Lelo
Editor assistente

SUMÁRIO

(Os títulos em negrito referem-se aos livros bíblicos.)

Introdução geral 13
    Atitudes importantes para compreender a Palavra de Deus hoje 14
    Algumas informações sobre a Bíblia 15
    Orientações sobre o gráfico que vamos usar na nossa caminhada . 17
    Agrupamento dos livros do Antigo Testamento 18
    Opções para o estudo do Antigo Testamento 20

Primeira Parte – Da criação do mundo
à criação do país de Israel 23
    A origem do Povo de Deus: os patriarcas e as matriarcas 25
    Libertação: fruto da ação entre Deus e os homens 29
    Deus toma partido à frente do seu povo: Êxodo e Páscoa 32
    Aliança de Deus com seu povo no Sinai.
    Decálogo (Dez Mandamentos) 34
    Tempo no deserto 36
    O Pentateuco 37
    Terra Prometida: Canaã e os juízes 55
    Rei e Jerusalém: projetos assumidos por Deus 58
    Sinal definitivo da presença de Deus: o Templo 62
    Livros históricos I: Josué, Juízes, 1 Samuel e 2 Samuel 64
    Conclusão da primeira parte 72

Segunda Parte – Dos reis de Israel ao exílio da Babilônia 73
    Divisão do reino de Davi 74
    Desvios e pecados dos reis 75

    Abandono de Deus e dos mandamentos 79
    Profunda crise social 81
    Queda do reino do Norte 82
    Tomada e queda do reino do Sul 83
    Resumo da história do Povo de Deus até o momento 84
    Livros históricos II: 1 Reis, 2 Reis, 1 Crônicas e 2 Crônicas 85
    Profetas: porta-vozes da Palavra de Deus 87
    Os escritos dos profetas 90
    Os profetas maiores 92
    Os profetas menores 97
    Profetas menores anteriores ao exílio: de Amós a Abdias 98
    Exílio na Babilônia: profundo momento de reflexão para
    o Povo de Deus 102
    Segundo Isaías (40-55) 106
    Conclusão da segunda parte 107

TERCEIRA PARTE – DA REORGANIZAÇÃO DO POVO DE DEUS
E DA RELIGIÃO À CHEGADA DOS GREGOS 109
    Ciro e a volta do povo da Babilônia 109
    Neemias e Esdras: reorganização das bases da fé do povo judeu . 111
    Novos tempos, novos profetas: de Ageu a Malaquias 115
    Novos estilos de livros das Escrituras 120
    A obra cronista: 1 Crônicas, 2 Crônicas, Esdras e Neemias 120
    Novelas bíblicas: Rute, Jonas, Ester, Tobias e Judite 131
    Livros sapienciais I: Jó, Salmos, Provérbios
    e Cântico dos Cânticos 137
    Os gregos passam a governar o Povo de Deus 146
    Conclusão da terceira parte 147

QUARTA PARTE – DA CRISE DA DOMINAÇÃO DOS GREGOS
ATÉ O REINADO DOS ASMONEUS 149
    Divisão do império grego e os novos imperadores 150
    Reino dos Ptolomeus: os primeiros a governar a região
    de Israel 150
    Reino dos selêucidas 152
    O maior dos tiranos: Antíoco IV Epífanes (175-164 a.C.) 152
    Revolta do Povo de Deus:
    revolução dos Macabeus (167-142 a.C.) 154
    Os livros dos Macabeus 157
    Últimos escritos do Antigo Testamento 161
    Livros sapienciais II: Eclesiastes, Eclesiástico e Sabedoria 162
    Últimos escritos proféticos III 167
    Dinastia asmoneia 175
    Período entre o Antigo e o Novo Testamento 177
    Conclusão da quarta parte 177

CONCLUSÃO 179

BIBLIOGRAFIA 181

ANEXOS 183
    Anexo 1 – Do Egito às portas da Terra Prometida 183
    Anexo 2 – Mapas bíblicos 187

INTRODUÇÃO GERAL

A Bíblia é fruto da grande comunhão entre Deus e os homens. Nela encontramos a *Palavra de Deus* transmitida para todos nós pela vida e pela palavra de milhares de homens e mulheres que viveram alegrias e tristezas, construindo juntos a história do Povo de Deus que conhecemos.

Esse livro é importantíssimo para a nossa fé, pois traz a experiência de vida e de fé de pessoas que ora se encontravam em comunhão e alegria, ora em pecados e derrotas, um pouco daquilo que é a experiência de fé de todo fiel. Na Bíblia não lemos e refletimos *histórias passadas*; no fundo, nós nos reconhecemos em cada passagem dela.

Assim, hoje continuamos e fazemos parte da longa caminhada que começou há muito tempo, com pessoas de costumes, línguas e jeito de ser muito diferentes dos nossos.

Cada vez que abrimos nossas Bíblias em celebrações e encontros, nos momentos de catequese e de oração, podemos ter certeza de que é o próprio Deus que nos fala, através das palavras e da vida de tantos homens e mulheres citados nela.

Podemos nos referir a esse livro de diferentes formas: *Bíblia* (que significa *livros* no grego e é a mais conhecida), *Palavra de Deus*, *Sagradas Escrituras* e *Texto Sagrado*.[1]

Acreditamos que em todos os acontecimentos da Bíblia expressa-se uma vontade de Deus para os homens, um projeto de vida em que a própria humanidade é o principal destinatário e, ao mesmo tempo, protagonista. Esse grande projeto de encontro entre Deus e os homens vamos chamar de Projeto do Pai, referente ao período anterior ao nascimento de Jesus.

O nascimento de Jesus Cristo é o grande momento da história da relação entre Deus e seu povo; por isso costumamos dividi-la em antes de Cristo (a.C.) e depois de Cristo (d.C.), ou Antigo Testamento (AT) e Novo

---

[1] Tais denominações ocorrem entre nós, cristãos, diferentemente de outros grupos que também usam a Bíblia como texto sagrado, como os judeus e samaritanos.

Testamento (NT).² O AT – que se caracteriza por conter a revelação de Deus como Pai e criador – é uma preparação para o grande encontro da humanidade com o próprio Deus, em Jesus Cristo – constituindo o NT.

Atitudes importantes para compreender a Palavra de Deus hoje

Algumas atitudes são importantes para ouvir e entender a Palavra de Deus. Precisamos ter em mente que quase tudo o que a Bíblia relata aconteceu em ambientes e lugares muito diferentes daqueles que constituem a nossa realidade.

- *Valorizar o que está escrito.* Vivemos num mundo onde o que é colocado no papel (como em jornais, revistas) tem pouco (ou curto) valor. Usamos e descartamos papéis com grande rapidez. Ao lermos a Bíblia, devemos dar valor a cada palavra e frase; tudo é Palavra de Deus, ontem, hoje e sempre.

- *Amamos somente quem conhecemos.* Por detrás de cada fato bíblico existe uma grande riqueza que devemos procurar. Na Bíblia nos deparamos com pessoas e acontecimentos cheios de vida, plenos da presença de Deus. É preciso ir além do texto escrito. É fundamental conhecer essas pessoas, fatos e lugares para descobrir a preciosidade da Palavra de Deus.

- *Um texto sagrado de Deus para a humanidade.* Apesar da grande distância que nos separa das origens do texto bíblico, acreditamos que chegou até nós por vontade divina. Sendo assim, não devemos, de um lado, menosprezá-lo como se fosse um mero ajuntamento de palavras, realizado por pessoas no decorrer da história, nem, por outro lado, tomá-lo como algo inacessível como se Deus fosse seu único autor.

---

² Estes dois grandes períodos da história da Bíblia também são denominados: *Primeiro Testamento* e *Segundo Testamento*; *Primeira Aliança* e *Segunda Aliança*; *Sagrada Escritura* e *Novo Testamento*. Vamos usar sempre a forma mais clássica e conhecida: AT e NT.

- *Deixar que a Palavra de Deus, rica em vida e histórias, nos oriente ainda hoje.* A Bíblia não deve ser somente um livro de estudo e discussão; foi e sempre será Palavra de Vida de Deus para seus filhos e filhas. Aprofundar o conhecimento da Palavra de Deus é fazer, cada vez mais, a experiência do amor misericordioso dele para cada um de seus filhos e filhas.

A Bíblia é um livro que guarda muitas histórias de milhares de pessoas que viveram num determinado contexto. A língua que falavam, seus costumes, sua visão do mundo, o local em que moravam influenciaram muito sua história de vida e a interpretação das manifestações de Deus Pai. É preciso conhecer esse mundo bíblico do AT para melhor entender o Projeto de Deus.[3]

Algumas informações sobre a Bíblia

Não nos devemos contentar com uma abordagem da Bíblia como alguém que lê um livro qualquer. Para melhor entendermos sua mensagem, é fundamental que tenhamos algumas informações mínimas sobre esse Livro Sagrado e sobre as pessoas e lugares nele citados.

Toda a história do AT pode ser situada em algumas regiões que estão muito próximas entre si. A Terra Santa, onde ocorreram os principais acontecimentos da Bíblia, tinha o Egito ao sudoeste, ao nordeste a Assíria, a Babilônia e, posteriormente, a Pérsia.

A Terra Prometida por Deus, onde o povo da Bíblia construiu a sua história, teve vários nomes até o nascimento de Cristo.[4] Ao longo da história do AT, esse pequeno pedaço de terra foi chamado de *Canaã*, *Israel*, *Palestina*, entre outros nomes. Vamos denominá-lo de *Terra Santa*. (Cf. Anexo 2, mapa 1.)

Esse pedacinho de terra contrastava com as grandes cidades e nações vizinhas. Apesar de não ser maior que o estado do Sergipe (o menor do

---

[3] Propomos o material Coleção Bíblia em Comunidade (São Paulo: Paulinas). São vários volumes com muitas informações e detalhes sobre a constituição da Bíblia. Faremos algumas referências à coleção.

[4] A história antes de Jesus Cristo é sempre contada de forma regressiva até chegar ao ano zero, data do nascimento de Jesus.

Brasil), foi nele que aconteceram quase todos os fatos mais importantes relacionados a Deus e seu povo.⁵

Hoje os fatos são registrados de diferentes formas e por variados meios: jornal, rádio, TV, internet, celular, por exemplo. O povo bíblico, no entanto, durante muito tempo manteve viva e atualizada sua história ao transmitir oralmente os acontecimentos mais importantes, quer na família (quando os anciãos os contavam para as crianças), quer por ocasião das festas.

Nos dias atuais acompanhamos as notícias e conhecemos os detalhes dos fatos quase que instantaneamente (basta lembrar o ataque de 11 de setembro de 2001 às Torres Gêmeas). Na época da formação da Bíblia era diferente: primeiro dava-se o *fato, envolvendo circunstâncias e pessoas*; isso era transmitido aos outros através de *histórias, contos, hinos* e *narrações*. Um bom tempo depois, o acontecimento passava a fazer parte da *tradição* (todo o acontecido ou parte dele), que era recontada nas datas importantes, quando os grupos se reuniam em festas religiosas, casamentos, ou lembrada em forma de histórias contadas pelos pais aos filhos. Posteriormente, e em épocas diferentes, os fatos foram registrados por escrito, tornando-se, o conjunto deles, a *Sagrada Escritura*.

Esse longo processo pode ser assim representado:

fatos → tradição oral → primeiros escritos → tradição escrita → SAGRADA
                                                                                                         Bíblia   ESCRITURA

A distância entre o "fato original" e o que se tornou "Escritura", em alguns casos, pode chegar a alguns séculos. Nós, muitas vezes, não estamos acostumados a guardar com detalhes os fatos que acontecem conosco ou ao nosso redor, diferentemente daquele povo, que tinha somente a "boca e os ouvidos" para conservar a sua história. Ele foi capaz de guardar e recontar com a mesma riqueza de detalhes os pontos mais importantes da história de Deus Pai e de seu povo.

Assim, a data mais distante que se tem dos primeiros personagens da Bíblia remonta a quase 1900 anos a.C. (tempo dos patriarcas), e a primeira versão do texto que conta essa história teria sido elaborada lá pelos anos

---

⁵ Para maiores e mais detalhadas informações, pesquisar os volumes 1(*Bíblia, comunicação entre Deus e o povo*) e 2(*Terras bíblicas*) da Coleção Bíblia em Comunidade.

1000 a.C. Essa data tradicionalmente é tida como o início das Escrituras, quando escritores (chamados de escribas) começaram a registrar a história do seu povo.

Orientações sobre o gráfico que vamos usar na nossa caminhada

Para percorrermos juntos a longa caminhada do Projeto de Deus no AT, vamos usar o gráfico que se encontra encartado neste livro. Da mesma forma que atualmente costumamos expressar nossos *avanços e crescimentos* num gráfico com *direção ascendente* (para cima) e *nossas quedas e prejuízos* numa *direção descendente* (para baixo), podemos simbolizar também a história do Povo de Deus no AT.

No gráfico, a começar da esquerda, temos os principais pontos da constituição do Povo de Deus. Ao longo de muito tempo, e aos poucos, Deus foi ajudando o povo a resgatar suas origens (patriarcas), a conquistar seus sonhos (libertação, Terra Prometida), a descobrir sua identidade através de alianças e, por fim, a ter sua terra, suas leis, seu país, seu templo e sua própria história escrita. Os pontos apontados como principais no Projeto do Pai para seu povo incluem muitos outros pontos menores, igualmente significativos, conquistados ao longo de muitos anos e de várias gerações. Teria sua mais remota origem com *Abraão* (cerca de 1850 a.C.) e sua instalação e organização como um reino com *Davi* (cerca de 1000 a.C.). Nesse meio tempo, há belas passagens bíblicas nas quais vemos Deus tomar a frente e libertar seu povo do Egito, tendo *Moisés* como representante, passando pelo *deserto* e se instalando na Terra Prometida: *Canaã*. É uma história de ascensão e felicidade para Deus e seu Povo, mas também de declínio e tristezas. Acontece, no entanto, que a história não acaba assim.

Com o passar do tempo e devido principalmente aos *reis* (que não cumpriram a missão para a qual foram chamados), tudo o que Deus ajudou seu povo a construir foi sendo abandonado, esquecido e perdido. No gráfico, a linha começa a descer. Um tempo de história de perdas e quedas de tudo o que tinha sido conquistado. Deus até que tentou inverter a situação por meio dos *profetas*, mas não teve jeito, o povo voltou ao que era antes:

escravo em terra estranha, sem direitos e sem identidade. Voltou ao exílio, agora em outra terra, na Babilônia.

Deus nunca abandonou seu povo. Fez-se presente através dos profetas e o ajudou a reconstruir sua história após a permissão para voltar para seu chão, a Terra Santa. Com o decreto do imperador persa, *Ciro*, permitindo a volta da Babilônia para a terra dos patriarcas, a história começa a ser refeita aos poucos, com novos sonhos e esperanças, novas vozes de profetas, novos escritos. No gráfico, corresponde ao início de uma nova ascensão. O povo bíblico consegue reerguer quase tudo do Projeto original do Pai.

Eis então que um novo império entra na história da humanidade e atinge também o povo da Terra Santa: os *gregos* (conhecidos também como helênicos). No início nada houve de diferente e negativo. Com o passar do tempo, após sucessivos reis e com o aumento da ganância deles, a história começa a declinar para o Povo de Deus. No gráfico, esse período é representado quase no final, à direita.

Com crescimento e quedas, encontros e desencontros, Deus e seu povo construíram sua longa história registrada no AT de nossas Bíblias. Na base do gráfico, distribuímos os escritos do AT conforme o período histórico a que se relacionam e da forma que foram agrupados na Bíblia.

Agrupamento dos livros do Antigo Testamento

Os livros do AT são agrupados segundo uma proposta anterior ao tempo de Jesus e confirmada pelas comunidades cristãs.[6] Seguiu-se o critério de *afinidade dos estilos*, isto é, livros que contavam histórias (ou tinham conteúdos) semelhantes foram reunidos como se tivessem sido escritos um após o outro, por autores contemporâneos uns dos outros.

Dessa forma, os livros que contavam a história da formação do Povo de Deus, por exemplo, foram todos agrupados como "livros históricos", e os escritos que traziam a vida e a pregação dos profetas, como "livros proféticos", e assim por diante. Como o critério não foi o histórico, isto é, a

---

[6] Há diferença entre a ordem de alguns blocos de livros da Bíblia Hebraica (usada pelos judeus na Terra Santa) e a da Bíblia em grego (conhecida como LXX = 70), usada por judeus fora de Israel, espalhados pelos países vizinhos. A forma de organização da Bíblia LXX – inclusive os nomes dos livros – foi adotada pelos cristãos; é a organização que normalmente aparece em nossas Bíblias.

época em que foram escritos, encontramos, lado a lado, livros de períodos históricos, épocas e contextos totalmente diferentes. Ao longo de nossa caminhada, essa questão será explicada melhor.

Em nossas Bíblias, normalmente, os livros aparecem na ordem em que foram preservados pela tradição bíblica (observar a base do gráfico). Tais escritos do AT são divididos da seguinte forma:

- *Pentateuco*: Os primeiros 5 livros do AT são chamados *Pentateuco*, que na língua grega significa *cinco livros*. São também chamados de *Torá* (= Lei) pelos judeus, porque contêm a Lei da primeira Aliança, feita entre Deus e Moisés. Os livros do Pentateuco são: *Gênesis* (Gn), *Êxodo* (Ex), *Levítico* (Lv), *Números* (Nm) e *Deuteronômio* (Dt).

- *Livros históricos*: São 16 livros que apresentam os principais acontecimentos ligados à história da formação do Povo de Deus e a seus líderes. Foram escritos em diferentes épocas e por autores distintos. Compõem esse agrupamento de livros: *Josué* (Js), *Juízes* (Jz), *Rute* (Rt), *Samuel* (1Sm e 2Sm), *Reis* (1Rs e 2Rs), *Crônicas* (1Cr e 2Cr), *Esdras* (Esd), *Neemias* (Ne), *Tobias* (Tb), *Judite* (Jt), *Ester* (Est) e *Macabeus* (1Mc e 2Mc). Observando o gráfico, pode-se perceber que, apesar de estarem juntos, formando um único bloco, alguns desses livros narram histórias relacionadas a épocas e situações bem diferentes entre si. Subdividem-se ainda em quatro grupos, conforme a época em que foram escritos ou conforme seu autor:[7]

  - *Escritos deuteronomistas* (620 a.C. ou mais tarde): Josué, Juízes, Samuel (2 livros) e Reis (2 livros).

  - *Escritos cronistas* (350 a 300 a.C.): Crônicas (2 livros), Esdras e Neemias.

  - *Novelas bíblicas*: Rute (450 a.C.), Tobias (200 a.C.), Ester (150 a.C.) e Judite (100 a 50 a.C.).[8]

---

[7] As datas da redação dos livros em estudo, que estão entre parênteses, são as mais prováveis, segundo a maioria dos estudiosos.

[8] Não há um consenso definido sobre a data e o período de redação de alguns desses escritos, comumente chamados de *Novelas bíblicas*. O livro de Jonas (450 a.C.) costuma também ser estudado nesse grupo.

– *Livros de Macabeus*: 1 Macabeus (175 a 134 a.C.) e 2 Macabeus (150 a.C.).

• *Livros sapienciais*: São 7 livros. Neles encontramos a expressão da sabedoria, contos, provérbios, ditados, poesias, cantos, orações do Povo de Deus. São eles: *Jó* (Jó), *Salmos* (Sl), *Provérbios* (Pr), *Eclesiastes* (Ecl), *Cântico dos Cânticos* (Ct), *Sabedoria* (Sb) e *Eclesiástico* (Eclo).

• *Livros proféticos*: São 18 livros. Trazem a vida e a mensagem dos profetas que atuaram em momentos diferentes e num tempo de profunda crise para o Povo de Deus: *Isaías* (Is), *Jeremias* (Jr), *Lamentações* (Lm), *Baruc* (Ba), *Ezequiel* (Ez), *Daniel* (Dn), *Oseias* (Os), *Joel* (Jl), *Amós* (Am), *Abdias* (Ab), *Jonas* (Jn), *Miqueias* (Mq), *Naum* (Na), *Habacuc* (Hab), *Sofonias* (Sf), *Ageu* (Ag), *Zacarias* (Zc) e *Malaquias* (Ml). Tradicionalmente se costuma apresentar dois grupos de profetas: profetas maiores (Isaías, Jeremias, Ezequiel e Daniel) e profetas menores (os demais), tendo-se como critério apenas a extensão de seus livros. Aqui mencionamos somente os profetas que tiveram suas mensagens redigidas posteriormente pelos discípulos, mas são conhecidos, pela Bíblia, outros profetas e profetisas desde o tempo de Moisés.

Consideramos esses livros *sagrados*. No entanto, alguns deles (Tb, Jt, Ba, Sb, Eclo, 1Mc e 2Mc e alguns trechos de Dn e Rt) foram excluídos da Bíblia com a reforma de Lutero.

Opções para o estudo do Antigo Testamento

Há várias formas de se estudar e conhecer a Bíblia (AT e NT). Conforme seguirmos o caminho do Projeto do Pai para o seu povo, vamos usar parcialmente o próprio esquema do AT. Caminhando pelos passos percorridos por Deus e pelo povo, vamos acrescentar algumas informações sobre a história e os acontecimentos que geraram os livros desse período.[9]

---

[9] Outra forma de estudo pode ser seguindo a própria ordem dos textos conforme foram preservados na Bíblia, começando pelo Gênesis até o último livro do AT. Ainda é possível estudar a Bíblia confrontando com os acontecimentos históricos e enriquecendo com dados obtidos através da arqueologia.

A Bíblia não é um livro escrito por algumas pessoas e em pouco tempo, mas feito em "mutirão", principalmente num período histórico concreto e bem definido. Quanto mais o conhecermos, mais entenderemos a Bíblia. São pessoas que fizeram e construíram história, participando de forma muito simples e rápida dos grandes acontecimentos da sua época e também da humanidade.

A Palavra de Deus, acima de tudo, é fruto da vontade divina, que não dispensou, ou melhor, condicionou sua revelação à palavra e aos conhecimentos humanos. O texto bíblico que chegou até nós, por mais estranho que hoje possa parecer, é o que Deus quis que se tornasse sua *Palavra de salvação*. É Palavra de Deus para nós, no formato da linguagem humana de homens e mulheres de um período da história, revestida de muitos fatos e acontecimentos! Em outras palavras: é um livro que fala da profunda relação entre Deus e o homem; Deus adotou uma pequena porção de gente, que se tornou uma nação e depois um povo definido como Povo de Deus.

As ciências modernas ajudam-nos a conhecer os homens e as mulheres que, através de suas vidas e histórias, perpetuaram a revelação de Deus. Por mais que se estude a Bíblia e até se questione como o texto foi construído, como se tornou uma tradição e, depois, como tomou a forma de Sagrada Escritura, não se deve deixar de ter em mente que é por meio desse texto da Palavra de Deus que nosso Pai Criador quis e quer continuar falando a nós e a todos os seus filhos e filhas em todos os tempos.

Primeira Parte

DA CRIAÇÃO DO MUNDO À CRIAÇÃO DO PAÍS DE ISRAEL

Nesta primeira parte, vamos levantar os principais pontos constitutivos do AT, do grande Projeto de Deus Pai. É difícil apontar quando Deus inicialmente se revelou ao seu povo e este teve consciência de sua relação com o Criador. A história nos fala de nações muito antigas que cultuavam vários deuses; mas quem foi a primeira pessoa a reconhecer o Deus Criador? Deve ter ocorrido o mesmo que acontece conosco: um bom tempo depois de passarmos por uma situação nova e às vezes difícil (doença, acidente, morte de alguém), olhamos para trás e percebemos a presença de Deus, pois conseguimos vencer e superar tudo; no entanto nem sempre conseguimos identificar qual o exato momento em que Deus se fez presente, mas sabemos que sempre esteve conosco.

Com as diversas pessoas da Bíblia aconteceu a mesma coisa. Pelas histórias que ouviam, souberam que seus antepassados tinham sido escravos no Egito; depois de muitos anos, possuíam a própria terra, igual a qualquer outro povo, onde viviam com dignidade e respeito. Concluíram então que só puderam conseguir isso graças à ação e ajuda do Deus que os acompanhou.

Foi com o grande rei Davi (1000 a.C.) que o povo da Bíblia se sentiu mais realizado como Povo de Deus. Davi conseguiu congregar em um único país as doze tribos que estavam dispersas: nasceu o *país de Israel, reino unido*. Conquistou, posteriormente, a cidade dos Jebuseus e a constituiu capital do reino com o nome de *Jerusalém*. O povo estava organizado e verdadeiramente instalado na sua terra, sob a liderança de um rei com seu exército. Começou então a imitar os grandes povos da época (do Egito, da Babilônia, da Assíria) e passou a registrar a própria história.

Mas foi com o sucessor do rei Davi, Salomão (972-932 a.C.) que passou a existir na corte de Israel um corpo de escribas, que zelavam pelas tradições de sua nação. Escribas eram homens letrados, que mantinham estreito contato com os sacerdotes e os reis; foram os responsáveis por perpetuar a história através da escrita.

Com Davi e Salomão, o Povo de Deus sentia-se *completo*, pois tinha tudo o que as outras nações da região possuíam:

- uma *religião*, um templo e um culto a seu Deus;

- uma *terra* em um país organizado, com uma capital, *Jerusalém*;

- um *rei* e um exército para defender a nação;

- uma *história* (que começa a se organizar em escrituras).

Do trabalho dos escribas e sacerdotes resultaram algumas coleções de narrativas históricas e de leis. A motivação era a de que, se todos os povos têm a sua história, eles também precisavam ter uma história oficial. Esses primeiros escritores bíblicos estavam junto à corte do rei; por isso, naturalmente, as histórias coletadas estavam em sintonia com a monarquia.

Este vai ser o ponto de referência da nossa caminhada: o início da escrita da Palavra de Deus, que provavelmente se dá durante o reinado do rei Salomão (930 a.C.). Vamos contar a história até chegar a esse momento da consolidação da monarquia e o surgimento das Escrituras e, depois, prosseguiremos com a história após esse período.

Com os escribas na corte do rei, organizou-se a versão do Povo de Deus sobre a *criação do mundo*. A história da criação do mundo encontra-se espalhada nos primeiros onze capítulos da Bíblia.[1] Como se trata de fatos muito distantes da realidade dos escritores, não conseguiram muitos dados da tradição, e a forma de narração tem muito mais um sentido teológico (passar algo ligado a fé) do que histórico (mostrar como tudo aconteceu).

Até então a principal forma de preservação da história havia sido a *tradição oral*, isto é, tudo era passado dos mais velhos (anciãos das tribos) para os mais novos, ou dos pais para as novas gerações, através de histórias,

---

[1] Mais adiante, mostraremos que, em outros momentos, outros grupos de escritores sagrados também deram sua versão da criação do mundo, às vezes complementando-a.

contos e canções.[2] Tudo era recontado e atualizado nas principais festas religiosas e profanas (casamentos, festas de vitórias, por exemplo), quando as pessoas se encontravam. Com a invenção da escrita, a história continuou a ser preservada e passada de forma oral, já que poucos sabiam ler e escrever, mas os escritores continuaram a registrá-la, produzindo a grande riqueza que temos hoje: a Palavra de Deus.

A origem do Povo de Deus: os patriarcas e as matriarcas

Considera-se que no reinado de Salomão o povo conseguiu atingir seu ponto máximo de bem-estar na Terra Santa (com a construção do Templo e as Escrituras). *Aparentemente* estava no auge de sua realização como povo.[3] A nação gozava de estabilidade, respeito internacional e tinha uma economia estável, à custa, no entanto, de muita exploração e desigualdade social.

Para escrever a história da criação do mundo e de seu povo (cf. Gn 1–11), os escribas da corte, provavelmente, fizeram uma grande coleta de informações junto ao povo, aos anciãos (que tinham a missão de manter viva a história de sua tribo) e principalmente junto aos santuários. Estes eram os lugares onde as histórias e acontecimentos eram contados e recontados; muitos deles eram celebrados como forma de manter viva a fé em Deus. Acredita-se que bem antes da organização da história pelos escribas, nesses lugares sagrados já existiam muitos relatos escritos, o que facilitou o trabalho dos escritores sagrados no período de Salomão.

Sabe-se pela arqueologia que a maioria dos povos vizinhos de Israel tinha a sua versão sobre a criação do mundo (como Egito, Ugarit, Cananeia, Babilônia). Essas versões expressavam não somente sua concepção sobre a origem de tudo, mas também sua crença em deuses. O Povo de Deus também tinha a sua versão sobre a origem de tudo o que se vê: homens,

---

[2] Podemos imaginar que faziam isso à noite, ao redor de uma fogueira, como ainda acontece em alguns lugares no Brasil: ao redor do fogo, na boca do fogão de lenha algumas tradições, lendas e histórias são passadas dos pais para os filhos.

[3] O que não significa que no campo religioso a situação estivesse da mesma forma. Sabe-se que, neste período, muitas obrigações do povo para com seu Deus começavam a entrar em decadência.

animais, estrelas, enfim, o universo. Os escritores sagrados do período do rei Salomão juntaram todas as histórias e as organizaram nos primeiros capítulos do Gênesis. Comparando-as com alguns relatos da criação de outros povos (relatos anteriores aos de Israel), eles adaptaram a própria versão sobre a criação colocando como origem do mundo o Deus de Israel.

A história que se encontra no primeiro livro da Bíblia, contada e recontada nas tribos, trazia sempre um otimismo em relação a Deus. Segundo ela, o mundo é fruto da livre e amorosa ação criadora de Deus e não resultado de uma guerra ou de uma tragédia, concepção comum nas histórias da criação do mundo dos povos vizinhos da Terra Santa.

A redação dessa mesma história da origem do mundo, dos animais, do homem e da mulher foi feita em etapas. No tempo do rei Salomão, foram constituídos a história fundamental e o enredo principal. Mas alguns detalhes foram guardados e acrescentados posteriormente, por outros escribas. Aconteceu o mesmo em outros momentos. Pode-se afirmar que o texto existente em nossas Bíblias que narram a criação do mundo é fruto do trabalho de "várias mãos" e de diferentes redatores.

Depois da redação de alguns relatos sobre a criação do mundo, os escribas elaboraram o texto que corresponde hoje aos capítulos de 12 a 50 do Gênesis. É a história dos *patriarcas* (Abraão, Isaac e Jacó com uma extensão até José) e *matriarcas* (Sara, Rebeca e Raquel). Com isso expressaram sua crença de que a origem do Povo de Deus se deve a homens e mulheres que, muito antes dos reis, manifestaram a fé no Deus verdadeiro. Trata-se da segunda grande parte do Gênesis.

Observando os cinco primeiros livros da Bíblia, constata-se que a história mais relatada entre o povo de Israel era a da presença de Deus e da libertação do Egito.[4] Os escritores precisavam atribuir uma origem mais nobre e digna a seu povo, por isso identificaram as pessoas anteriormente citadas como seus verdadeiros pais, isto é, deles teve origem o Povo de Deus. Os relatos sobre os "primeiros pais" da fé contêm bem mais detalhes e fatos do que os da criação.

---

[4] Não seria nobre perpetuar para a história o fato de o povo ter sido escravo no Egito, e, por cima, fugitivo e vagante pelo deserto.

Lendo os capítulos 12 a 50 do Gênesis, percebemos, primeiro, que a iniciativa parte de Deus, fato que vai ser lembrado constantemente: é sempre Deus quem toma a iniciativa. Mas os homens participam ativamente, buscando conhecer e cumprir a vontade de Deus. Abraão[5] é o primeiro homem a abandonar outros cultos e deuses e a buscar servir ao Deus verdadeiro. É lembrado como alguém que, por primeiro, manifestou uma fé incondicional no Pai Criador de tudo. Foi chamado de terras distantes, cruzou desertos e se instalou nas terras que Deus havia indicado, tudo isso para cumprir a vontade divina.

De todos os fatos que o povo guardou sobre Abraão, o mais marcante foi o do nascimento de seu filho Isaac. Abraão recebe a notícia de que iria ser pai de uma nação (cf. Gn 13,14ss), mas ele, já com 75 anos, não tinha descendentes (cf. Gn 12,4). Conversa com sua esposa Sara, e ambos procuram encontrar uma solução para que Abraão se torne pai. Primeiro escolhem um escravo e o adotam como filho; Deus não aceita essa solução (cf. Gn 15). Depois Abraão e Sara decidem que ele teria um filho com uma escrava; a criança teria o sangue de Abraão e seria seu herdeiro (Abraão estava com 86 anos quando seu filho Ismael nasceu – cf. Gn 16,15); mas Deus também não aceita. Por fim, o casal decide cumprir a vontade de Deus, tentando gerar um filho mesmo na velhice. Abraão estava com 100 anos (cf. Gn 21,5) quando ele e Sara receberam a graça de ter o filho Isaac. Mas Deus precisava saber se Abraão estava à altura da missão de ser pai de uma grande nação e cujos descendentes seriam multiplicados como as estrelas do céu e os grãos de areia da praia (cf. Gn 22,17).

Depois de demonstrar desprendimento e ter deixado a terra de seus pais, de ter labutado para cumprir a vontade de Deus e ter um descendente, Abraão recebeu o segundo grande teste que o tornaria apto para ser o pai de uma nação sem limites.

O mesmo Deus que foi insistente com Abraão para que tivesse um filho, o pede em sacrifício sobre um monte. A Bíblia nos conta que Abraão,

---

[5] O primeiro patriarca era chamado inicialmente de Abrão (Gn 12s), mas após Deus constituir aliança com Abrão, ele passou a se chamar "Abraão" (Gn 17,5), costume comum na Bíblia quando alguém recebe uma missão. O significado do nome é "o pai é elevado" ou "o pai ama".

movido por uma fé inquestionável, procurou executar o que Deus lhe pedia.⁶ Sabemos que a história teve um belo final: no momento em que ia cumprir a vontade de Deus, este intervém por meio de um anjo e o impede de sacrificar o filho. Nesse gesto de Abraão, toda a história entre Deus e seu povo tem seu marco inicial, que será lembrado por todo o sempre. Abraão provou que estava pronto para ser pai de uma nação imensa, dos filhos e filhas do Deus verdadeiro. Deus estabeleceu sua aliança com Abraão, e a partir de então a história do Povo de Deus será construída tendo sempre como exemplo esse homem e sua fé inabalável.

Os filhos de Abraão são a prova de que Deus cumpre sua palavra (Isaac), e com eles realiza-se a promessa de que seus descendentes formariam uma grande multidão sobre a terra (Jacó). Este último teve doze filhos que se tornaram posteriormente as doze tribos, lembradas até no último livro da Bíblia: o Apocalipse (cf. Ap 7,4ss; 21,12).

Junto com a história desses três personagens que comumente são chamados de *patriarcas*, a Bíblia conta também a de suas esposas, as *matriarcas* Sara, Rebeca e Raquel. Tornam-se coadjuvantes não somente como geradoras de descendentes, mas dialogando e ajudando seus maridos a tomar decisões e até interferindo nos resultados.

Com a história dos patriarcas e das matriarcas, o povo da Bíblia procurou mostrar que a sua origem se deve a homens e mulheres que acreditaram em Deus, com o qual fizeram uma Aliança e, assim, se tornaram uma grande nação.⁷

O Gênesis conta ainda a história de um dos netos de Abraão: José. O caçula dos doze filhos de Jacó sofre todo tipo de sofrimento e abandono por parte de seus invejosos irmãos; acaba no Egito como escravo e esquecido de sua família. Mas Deus intervém mais uma vez e tudo toma um novo rumo. O jovem José torna-se não somente alguém importante para sua família,

---

⁶ Sabe-se que, naquele tempo, entre os povos vizinhos de onde Abraão se encontrava, havia o costume de sacrificar o primogênito à divindade. Dessa forma, o Deus de Abraão mostrava-se igual aos outros deuses. Mas Abraão cumpriu fielmente o que lhe foi pedido e descobriu que o seu Deus era diferente das outras divindades e que entre eles (Abraão, seus descendentes e Deus) não se sacrificariam inocentes.

⁷ O volume 3 da Coleção Bíblia em Comunidade, *O povo da Bíblia narra suas origens*, apresenta estudos recentes sobre os patriarcas, inclusive a sua ligação com o Povo de Deus e outros fatos históricos.

mas também uma espécie de "salvador ideal". Não obstante o abandono por parte de seus irmãos e o fato de ter sido vendido como escravo e de, caluniado, ter sido preso, conhece também o triunfo e a glória: torna-se um ministro do faraó e, por fim, salva sua família da miséria e da fome. No coração de José existia somente bondade, pois foi capaz de perdoar seus irmãos e, mais, de acolhê-los em sua casa no Egito. Termina assim a história das origens dos primeiros pais do Povo de Deus: no lugar mais importante daquele tempo, usufruindo da riqueza e do bem-estar no Egito.

Este é o primeiro ponto do Projeto do Pai com seu povo: uma Aliança constituída, tendo como base a fé dos patriarcas. Tal fato será sempre lembrado ao longo da história da Bíblia.[8]

Libertação: fruto da ação entre Deus e os homens

Como vimos, no período de formação das Escrituras (passagem da tradição oral para a tradição escrita), especificamente no período da formação da monarquia em Israel (1000 a.C.), os escritores sagrados fizeram pesquisa para registrar os principais fatos originários do povo. Provavelmente foram encontrados, então, histórias, contos e canções, quer do período da presença do povo no Egito, quer da saída da terra da escravidão e do tempo que vagou pelo deserto até sua entrada na Terra Santa. Com certeza, diferentes grupos e tribos guardaram muitas dessas histórias do seu jeito, com particularidades e mensagens diversificadas.

Observando nossas Bíblias, esses relatos ocupam quatro livros (Êxodo, Levítico, Números e Deuteronômio). A história dos patriarcas termina com a história de José no Egito (Gn 37 a 50); ele acolhe seus familiares na terra estrangeira e lá passam a ocupar lugar de destaque na corte do faraó. O livro do Êxodo inicia lembrando esses fatos, mas em seguida deixa de falar de pessoas em particular, ou especificamente de uma família, para narrar a situação dos "Filhos de Israel" (cf. Ex 1,7-8). Os primeiros capítulos do livro do Êxodo retratam a situação de opressão e escravidão em que o Povo de Deus se encontrava: sem dignidade, sem direitos, sem identidade,

---

[8] Abraão é nosso pai da fé (cf. Rm 4,1-25), fato sempre lembrado na Bíblia. Tudo o que Deus promete e acontece na vida de Abraão deve-se a sua fé.

sem futuro; aos olhos do faraó, sem valor e sem pátria (estava em terra estrangeira).

Nessa realidade de extrema opressão, o povo experimenta o amor de seu Deus. Ele vem em socorro da sua gente e para tanto escolhe alguém muito especial: *Moisés*. Neste mundo, nós, homens, é que devemos construir nossa história; por isso, Deus auxilia e orienta seu povo através de pessoas que se dispõem a ser instrumentos dele. Moisés possui uma história muito próxima da de sua gente – milagrosamente é salvo da opressão do faraó, através das águas; é hebreu como sua gente (no período de escravidão no Egito, o Povo de Deus é chamado de *hebreu* (da tribo de Heber, antepassado de Abraão, cf. Gn 10,24).[9] Por fim é perseguido e tem de fugir. Possuía, no entanto, qualificações especiais que o auxiliaram na sua missão: morou no palácio do faraó, conhecia os costumes, as línguas e a visão do mundo dos egípcios, possivelmente aprendeu a ler e escrever e tinha algum acesso ao palácio.

Na história de Moisés, fato marcante é a coragem de muitas mulheres que enfrentaram silenciosamente o poder opressor; sem muito alarde, reconstruíram, a seu modo, a história ditada pelo opressor. Primeiro foi a mãe de Moisés, que se rebelando contra a tirania do faraó e seu projeto de morte, salva a vida de seu filho recém-nascido. Aqui atuaram decisivamente as parteiras que tinham a missão de jogar no rio todo bebê menino. Formaram um complô a favor da vida, mesmo colocando em risco a si mesmas. Depois entram em cena duas outras mulheres: a filha do faraó e a irmã de Moisés. De modo premeditado, a irmã de Moisés presencia o encontro do menino, deixado cuidadosamente no rio, com a filha do faraó e se oferece para encontrar uma mulher que possa amamentá-lo. Indica sua mãe. Combinam criar o bebê às escondidas, à revelia do faraó. Mulheres corajosas e silenciosas que foram instrumentos de Deus para que toda a história da salvação do povo, escravo no Egito, tivesse sua realização em Moisés.

Contam as Escrituras que Moisés, vivendo longe do Egito (ele havia fugido depois de matar um soldado egípcio), no deserto próximo do Monte

---

[9] Hebreu, nome e situação muito próximos de um outro grupo revolucionário conhecido na época, os *hapirus*, que se opuseram à dominação egípcia na terra de Canaã e talvez no próprio Egito. Para mais informações, conferir o volume 3, da Coleção Bíblia em Comunidade, *O povo da Bíblia narra suas origens*.

Sinai, no início não quis assumir sua missão. Para libertar seu povo, Moisés precisava primeiro estar convencido de que valeria a pena enfrentar tudo pela causa do seu povo e de seu Deus. Bonita a história do encontro de Deus com Moisés, que lhe fala através de uma sarça ardente. Deus revela ser um Deus próximo, que tem poder para tirar seu povo da opressão, que é zeloso e que caminha com sua gente. O próprio nome, com o qual Deus deixa-se invocar, revela ser um Deus próximo: YHWH ou IaHWeH (uma forma simples de ler é *Javé*): "Sou aquele que está presente".[10] No entanto, Moisés reluta em aceitar a missão. Mas tinha de ser ele, por isso Deus rebate todas as suas desculpas e, por fim, ele aceita voltar à terra da opressão, o Egito, e interceder por seu povo.

Javé torna-se definitivamente um Deus que toma partido por seu povo, e esta será sua marca: um Deus que se antecipa, se revela e se deixar encontrar. Tal compreensão de "Deus-próximo" se faz presente ao longo de toda a Escritura. Moisés torna-se o grande libertador da sua gente, apesar de todas as suas limitações. É sempre lembrado pelos profetas, por Jesus Cristo e até no último livro da Bíblia. Passou a ser conhecido como alguém que era próximo de Deus a ponto de reter em sua face a glória de Deus depois que se distancia dele (cf. Ex 34,29ss).

Javé, um Deus libertador que caminha com seu povo, e Moisés, grande libertador da sua gente. Tudo começou com a ação de Deus e de um homem que foi seu instrumento de libertação. Com certeza a ideia de Deus-Javé libertador junto com Moisés é outro ponto fundamental na construção do Projeto do Pai para seu povo.

---

[10] *Javé* passa a ser o nome oficial de Deus, ao qual todos devem se dirigir. No hebraico, no entanto, o nome de Deus aparece apenas com quatro consoantes (יהוה = YHWH). No século IV a.C. foi proibido pronunciar o nome de Deus; diante das quatro letras pronunciava-se a palavra Adonai, *meu Senhor*. Assim, não se sabe como até o século IV a.C. se pronunciava o nome de Deus. Depois da proibição no período pós-exílico, os sacerdotes, uma vez por ano, quando entravam no Santo dos Santos, pronunciavam o nome sagrado de Deus. No século VI d.C., os massoretas (rabinos judaicos) inventaram vogais para as consoantes hebraicas (até então só se escrevia com consoantes), na tentativa de preservar a pronúncia das palavras em hebraico, mas, mesmo assim, do nome de Deus, que também obteve vogais, não se sabe como era a pronúncia correta das letras do tetragrama com a vocalização. Com o passar do tempo outras formas foram usadas para pronunciar o YHWH: Iahweh, Javé, Jeová, JHWH. Tudo isso vale para o AT, pois no NT não é usada a forma do hebraico do AT, mas somente *Deus* (ὁ θεός). No volume 3 da Coleção Bíblia em Comunidade, *O povo da Bíblia narra suas origens*, há mais informações sobre o nome de Deus.

Deus toma partido à frente do seu povo: Êxodo e Páscoa

Depois de fazer a experiência da intimidade e do poder de Deus ainda no deserto, junto ao monte Sinai, Moisés parte em missão, retorna ao Egito, onde o Povo de Deus estava em situação de escravidão, e vai até o palácio para falar com o faraó. Moisés leva o pedido de Deus: "Deixa meu povo sair do Egito para adorar seu Deus no deserto" (Ex 5,1).

O livro do Êxodo revela-nos que a saída do Egito não foi fácil para o Povo de Deus. De um lado estava o faraó, primeiramente desconfiado do pedido de Moisés, depois intransigente em não atender as suas solicitações; de outro lado, Deus, que, de pouco em pouco, se mostra maior que os magos e que o próprio faraó. No meio dessa disputa, encontrava-se Moisés (e em alguns momentos também Aarão, seu irmão), que ora desencadeava, a mando de Deus, prodígios e pragas sobre os egípcios e até sobre o faraó, ora os suspendia, sempre segundo a vontade de Deus. É uma grande disputa de poder (cf. Ex 5–14) em que Deus se mostra o mais poderoso e imbatível, e o faraó, fechado na sua prepotência, termina por ser derrotado nas águas do Mar Vermelho. A história toda começa com um menino que é salvo das águas do Nilo, torna-se um grande libertador, conduzindo o povo na conquista de sua libertação ao atravessar o Mar Vermelho.

As pragas contra os egípcios e o faraó foram organizadas no Êxodo para mostrar que Deus está determinado a tirar seu povo do Egito; golpeia os opressores de forma gradativa (partindo de um simples ato de transformar uma vara em serpente), atingindo a natureza (água que se transforma em sangue, rã, insetos), depois os bens e a economia dos egípcios (animais, campo, plantações). Sem resultado, atinge os próprios egípcios (úlceras) e por fim, não obtendo a permissão do faraó, golpeia o seio das famílias dos opressores (morte dos primogênitos). O texto sagrado lembra sempre que somente o faraó e os egípcios são atingidos. A ação de Deus é condicionada à recusa e soberba do faraó, que, mesmo diante de um Deus mais poderoso e de seu interlocutor Moisés, mente várias vezes para conseguir reverter as pragas, conduzindo, assim, sua própria gente à ruína e à morte.

O que fica para o povo da Bíblia é o grande poder que Deus mostrou ter, a ponto de enfrentar o faraó com seu exército (o maior poder conhecido da época) para libertar sua gente. Esse fato marcou definitivamente a história do povo da Bíblia; todas as gerações posteriores vão recordar os grandes feitos de Deus em favor do seu povo. A libertação do Egito desperta nele uma grande esperança nos momentos de dificuldade e opressão: "O nosso Deus, com mão forte, tirou nossa gente do Egito; fez uma vez, pode fazer novamente".[11]

No Egito, Moisés revelou-se confiante desde o início, pois sabia que seu Deus era muito mais poderoso que o faraó e seus magos. O faraó teve de se dobrar à grandeza e à força de Deus e de seu aliado Moisés. A saída do Egito passou a ser contada não como fuga ou abandono, mas como vitória de Deus e de Moisés sobre o Egito (terra da opressão) e sobre o faraó (maior opressor do povo).

A saída do Egito não se reduziu a um fato passado e mantido na memória do povo. Foi um fato marcante e fundante de uma nova vida e relação entre Deus e seu povo. Antes de desencadear a última praga contra os egípcios (10ª praga: a morte dos primogênitos), Deus convida o povo a perpetuar numa celebração os momentos que estavam vivendo. É a celebração da *Páscoa*.

Tudo é profundamente significativo no rito da Páscoa, que significa *passagem*. Nessa festa não se recorda apenas o passado triste e opressor do povo, mas sua libertação. A Páscoa celebrada ainda em terras egípcias não foi somente um rito ou cerimônia; foi um momento de estabelecer uma aliança entre Deus e seu povo, através de um pacto assinalado pelo sangue do animal nas soleiras das portas. Deus, mais uma vez, se compromete com sua gente. O povo, posteriormente, ao celebrar a Páscoa, atualiza em sua história não os fatos "daqueles dias de opressão", mas a libertação, passagem da morte (Egito) para a vida (através do Mar Vermelho).

A cerimônia da Páscoa passou a ser celebrada anualmente entre o Povo de Deus, para que ninguém jamais se esquecesse da sua origem (povo escolhido e libertado da opressão do Egito) e do seu Deus. *Nosso Deus é libertador* – essa era a grande certeza do povo. E a Páscoa era a grande festa da libertação. Êxodo e Páscoa são lembrados ao longo do Bíblia como marcantes e constitutivos do Projeto de Deus para seu povo, tornando-se um

---

[11] Essa ideia será repetida nos momentos de crise do Povo de Deus, no exílio da Babilônia e até em vários momentos do Apocalipse.

credo (oração recitada sempre pelo povo – cf. 1Sm 12,6; Js 24,17; Jz 6,8; 1Rs 8,21; 9,9; 2Cr 7,22; Jr 34,13; At 7,40; 13,17), repetido nos momentos importantes, tanto de alegria e festa como de tristeza e opressão.

De todos os sinais e prodígios operados por Deus a favor do seu povo, a passagem pelo Mar Vermelho passou a ser o sinal divisor entre a "terra da opressão" (Egito) e a liberdade. Essa passagem será inclusive tida como sinal prefigurativo do batismo: o fiel, passando pelas águas, renasce em Cristo.

Concluída a passagem e já do outro lado do Mar Vermelho, esse fato e o da derrota definitiva do faraó foram cantados primeiro por Moisés e os filhos de Israel (cf. Ex 15,1ss) e depois por Mariah (ou Mirian – chamada pela Bíblia como profetisa), irmã de Aarão (cf. Ex 15,20) e outras mulheres.

Hoje há várias interpretações da saída do Povo de Deus da terra do Egito.[12] De qualquer forma, se uma nação inteira tenha sido libertada, ou apenas um pequeno grupo, é certo que alguns fizeram esta grande experiência de fé: Moisés como líder e seu Deus como libertador.

Moisés escolheu o caminho pelo deserto para fugir das fortificações egípcias ao longo do Mar Mediterrâneo e para conduzir o povo ao mesmo lugar onde conheceu a Deus e recebeu sua missão. (Cf. Anexo 2, mapa 2.)

Aliança de Deus com seu povo no Sinai. Decálogo (Dez Mandamentos)

Estando ainda no Egito, a promessa de libertação do povo, então denominado de hebreu,[13] aparentava referir-se apenas à saída dessa nação. Aos

---

[12] O volume 3 da Coleção Bíblia em Comunidade, *O povo da Bíblia narra suas origens,* apresenta várias hipóteses baseadas em estudos recentes sobre o Êxodo e a formação do povo de Israel. Fato é que a experiência do grupo que esteve no Egito e de lá saiu, sob a liderança de Moisés, influenciou os demais hebreus de tal forma que esse acontecimento passou a ser uma história comum a todos e assumida por todos. Talvez tenha sido na longa estada no oásis de Cades Barneia (lá teriam ficado por 40 anos – cf. Nm 14,33-34) que os grupos de fugitivos e os liderados por Moisés fundiram suas tradições e, assim, o grupo que entrou na Terra Prometida, liderado por Josué, trouxe as histórias da saída do Egito com todos os fatos que encontramos em nossas Bíblias.

[13] Ao longo da história do AT, três são os termos usados para se referir ao Povo de Deus: *hebreus* para aqueles que foram guiados por Moisés na saída do Egito, *israelitas* quando se encontravam na Terra Prometida, no país organizado por Davi, até o exílio da Babilônia

poucos se revelou mais ampla. A saída da terra da opressão e da escravidão era somente o início de uma longa jornada que teria como término a Terra Prometida. Mas antes o povo teria de passar pelo deserto.

Estranhamente, Moisés escolhe uma trajetória pelo sul, fazendo uma grande curva, em vez de ir em linha reta, do Mar Vermelho até a Terra Prometida.[14] Segundo as Escrituras, foi uma determinação de Deus que Moisés levasse seu povo para o mesmo local onde ele próprio fizera a experiência do chamado de Deus.

O monte *Sinai*, nas montanhas do Horeb, encontra-se no estreito de terra mais ao sul do Mar Vermelho, não muito longe do local por onde passou o povo liderado por Moisés. O Sinai é tido como o local onde Deus se revelou a Moisés e, depois, fez o pacto definitivo com sua gente, momento marcante para a história da Bíblia. Nesse monte Deus assinala definitivamente o compromisso com seu povo, através dos Dez Mandamentos (Decálogo). Em toda aliança constituída entre pessoas (neste caso, entre Deus e seu povo), as duas partes estabelecem direitos e deveres a ser observados por ambas. Da parte de Deus, ele promete permanecer sempre ao lado do seu povo, protegendo e defendendo sua gente. Do outro lado, o povo deveria cumprir os Dez Mandamentos. Tudo novamente assinado com sangue de animais, numa solene liturgia. Somente um povo livre pode assumir livremente uma aliança; era a situação em que se encontrava o povo no monte Sinai.

Acima de tudo, o Decálogo dava uma identidade particular aos hebreus em relação às outras nações. Tendo um Deus forte ao seu lado, o povo precisava de princípios e leis que lhe dessem um rosto próprio e coerente com seu Deus.

Os livros sagrados (Êxodo, Levítico e Números), que narram esses fatos no Sinai (de Ex 19,1 até Nm 10,12), assinalam que, após a saída daquele local sagrado, muita coisa passou a ser diferente. O próprio Deus deixa

---

e, por fim, *judeus* após a volta do exílio com a organização patrocinada por Esdras e Neemias.

[14] Segundo os estudiosos, teria sido uma estratégia de Moisés fazer o caminho mais difícil pelo sul, e não o caminho da costa do Mar Mediterrâneo. Aqui, com certeza teria encontrado fortificações e o exército egípcio; como se tratava de um grupo de fuga, certamente teria sido perseguido e exterminado.

de se revelar na distante montanha a Moisés para fazer morada, em uma tenda, no meio da sua gente. Para tanto, o seu povo teve de se organizar em grupos bem definidos, com estandartes (chamados de *degel,* cf. Nm 1,52ss) e com diversos princípios a ser observados, pois para permanecer próximo de Deus, que é santo, o povo precisava ser santo. Com a presença de Deus e a liderança de Moisés, retoma a marcha do Sinai até a terra onde corre lei e mel.

O Sinai e o Decálogo constituem pontos marcantes da história de Deus junto ao seu povo. Esses acontecimentos eram lembrados em diversos momentos da história do povo, principalmente quando se encontrava longe de seu Deus e dos compromissos assumidos diante dele. Não viver os Dez Mandamentos – assim vão denunciar os profetas – era abandonar a Aliança com seu Deus; sem a sua proteção, o povo tornava-se vulnerável, desamparado e, pior ainda, igual ao de todas as outras nações.

Conforme Deus vai se revelando ao seu povo (começando com Abraão) e se aproximando cada vez mais dele (experiência no Egito), construindo com sua gente a história (saída do Egito e presença no deserto), mais e mais compromissos vão sendo assumidos pelos dois lados. Assim, no Projeto do Pai revela-se a seriedade com que Deus realiza suas promessas e, em contrapartida, a seriedade com que devem ser assumidos os devidos compromissos por parte do povo.

Tempo no deserto

Toda essa história não foi fácil para o povo e muito menos para Deus. Não obstante demonstrar sempre seu poder ao seu povo, este hesitava em acreditar plenamente. Vários foram os momentos em que Deus até se arrependeu de ter escolhido essa gente para ser seu povo da Aliança (cf. Ex 32,4-10).

Deus jamais abandonou seu povo e seu Projeto. Ele tirou com "mão forte" os hebreus do Egito, abriu o Mar Vermelho para passarem, deu-lhes de comer e beber no deserto, fez aliança com eles, de dia colocou sobre eles uma nuvem e à noite uma coluna de fogo (cf. Ex 13,21), lutou e os defendeu contra os inimigos, entre outras ações. Mas o povo sempre reclamava de tudo.

O limite da "paciência" de Deus se esgotou quando, já próximos da Terra Prometida, Moisés enviou batedores para reconhecerem o país que iriam habitar. Estes ficaram quarenta dias andando pela região e recolhendo mantimentos que comprovassem a riqueza e a fartura da terra. No entanto, esses homens, tão logo chegaram e mostraram o que tinham recolhido, ao invés de motivar a todos, eles os apavoraram com histórias sobre os ocupantes de Canaã. O medo foi tamanho que queriam voltar para o Egito, mesmo estando a poucos quilômetros da Terra Prometida e prestes a realizar seu sonho.

O povo recebeu de Deus um grande castigo por tamanha falta de fé. Permaneceu próximo de Canaã por quarenta anos (correspondendo aos quarenta dias que os batedores estiveram na Terra Santa), até que a geração ingrata passasse. Caberia a seus filhos receber a Terra Prometida (cf. Nm 14,34). Dessa forma, se o povo não tivesse "esgotado" a paciência de Deus, talvez depois de poucos anos da saída do Egito poderia ter entrado na Terra Prometida, mas, segundo o julgamento de Deus não foram merecedores dessa graça.

O Pentateuco

A história do Povo de Deus – desde a criação do mundo (cf. Gn 1–11) até a chegada dos hebreus às portas da Terra Prometida (Dt) – é contada nos cinco primeiro livros da Bíblia (Gn, Ex, Lv, Nm, Dt). O conjunto desses livros é chamado pelos judeus de *Lei* ou *Torah* de Moisés. Muito tempo depois de organizada a Bíblia, as comunidades cristãs passaram a denominá-los de *Pentateuco* (do grego, *penta* = cinco; *teuchos* = rolo ou cilindro).

Entre os judeus, os cinco livros constituíam uma obra só (a Lei), mas, com a tradução do hebraico para o grego, a *Torah* ficou muito extensa, sendo então desmembrada em cinco volumes (por mera praticidade). Seus nomes (de origem grega) lhes foram atribuídos pelos judeus ao fazer a tradução, realizada por volta do ano 300 a.C. Essa tradução é chamada de LXX = 70.

A origem do Pentateuco

Até o século XVIII, admitia-se que somente Moisés teria escrito os cinco livros da Lei.[15] Mas, sem questionar a inspiração divina do Pentateuco, os estudiosos da Bíblia constataram alguns detalhes que os levaram a concluir que foram escritos por diversas pessoas ao longo de muito tempo. Os principais indícios para sustentar esta teoria são:

- Como Moisés teria narrado sua própria morte em Dt 34,1-12?

- Há duas formas de chamar a Deus nestes livros: *Iahweh*, nome revelado por Deus a Moisés, e *Elohim*.

- Há vários relatos duplicados: a criação do mundo (cf. Gn 1,2-4a e 2,4b-25); a expulsão de Agar (cf. Gn 16,4-16 e 21,9-21); a aliança de Deus com Abraão (cf. Gn 15,1-21 e 17,1-27); a vocação de Moisés (cf. Ex 3,1-4 e 6,2-8); o maná e as codornizes (cf. Ex 16,2-36 e Nm 11,4-34); a produção da água no rochedo (cf. Ex 17,1-7 e Nm 20,1-13).

- Há três narrativas do decálogo (cf. Ex 20,1-17; 34,10-28; Dt 5,6-21), da lei concernente aos escravos (cf. Ex 21,2-11; Lv 25,39-46; Dt 15,12-18), da lei referente ao homicídio (cf. Ex 21,12-14; Dt 19,1-13; Nm 35,9-34), entre outras.[16]

Períodos que correspondem à escrita do Pentateuco

Aprofundando as pesquisas, concluiu-se que diferentes grupos, em épocas e com motivações diversificadas, teriam elaborado a mesma história da salvação que se encontra no Pentateuco. Cada grupo que a escrevia acrescentava detalhes e fatos. Num dado momento, alguém ou um grupo de escribas se propôs a "juntar" todas essas histórias, mas como já não se sabia qual versão dos fatos era a mais correta resolveu-se preservar todas elas.

---

[15] Conforme textos do AT, como Ex 17,14; 24,4; Nm 33,2; Dt 31,9.22.24 e do NT: Jo 5,45-47; Mt 8,4; 19,8; Mc 7,10; 12,26.

[16] Há cinco recensões do catálogo das festas: Ex 23,14-19; 34,18-26; Dt 16,1-17; Lv 23,4-44; Nm 28,1-29,39. Existem nove recensões da lei do sábado: Ex 20,8-11; 23,12; 31,12-17; 34,21; 35,2s; Dt 5,13s; Lv 23,3; 25,2; Nm 28,9s.

Assim, é possível dedectar as características desses grupos e a época em que as diferentres histórias foram elaboradas. Cada grupo tem um nome próprio, que corresponde a características de seus autores. Esses grupos são identificados por letras conforme segue.

Código Javista (J) – O primeiro grupo teria elaborado boa parte do Pentateuco quando começou a redigir a história do Povo de Deus, com os escribas, no palácio de Salomão (970 a.C.). Teria nascido, assim, a tradição *Javista*, que tem esse nome pela forma preferencial de designar Deus como *Iahweh = Deus → javista*. Para indicar tal tradição, usa-se a letra *J*.

O código *J* caracteriza-se por seu estilo simbolista e antropomórfico,[17] mostrando Deus muito próximo dos homens. É o que se percebe no relato da criação (cf. Gn 2,4b-25), em que o Senhor é descrito como oleiro (2,7), jardineiro (2,8), cirurgião (2,21), arquiteto (2,22); passeia no jardim em 3,8, é alfaiate em 3,21, fecha a porta da arca de Noé em 7,16, visita Abraão e ceia com ele em 18,1-8; desce para averiguar o pecado de Sodoma em 18,21. São características ainda dessa tradição: otimismo religioso, forte nacionalismo e messianismo e concepção de um Deus muito próximo, amigo, que dialoga.

Código Eloísta (E) – O texto atribuído a esse grupo teria sido elaborado no reino do Norte, após a divisão do reino de Salomão (850 a 750 a.C.). Seus autores, escribas, resolveram reescrever, a seu modo, a história que receberam, privilegiando aspectos ligados ao novo reino do Norte, Israel. É chamado de *Eloísta (E)* porque prefere invocar a Deus como *Elohim* (el = Deus). Essa é uma forma popular e simples de se dirigir a Deus, é como um "apelido". Procurava-se, assim, preservar o nome Deus que – segundo os eloístas – não podia ser pronunciado. A tradição *E* evita os antropomorfismos de J, mostrando um Deus mais distante. Segundo essa tradição, Deus fala aos homens por vias menos diretas, servindo-se de *sonhos* ou da intervenção de *anjos* (cf. Gn 15,1; 20,3.6; 21,17; 22,11.15; 28,12). Para o eloísta, devemos mais temer a Deus do que sentir sua presença e proximidade; apresenta-o remoto e distante – mora nos céus. A ele devemos, sobretudo, obedecer e temer.

---

[17] O antropomorfismo consiste em representar Deus com formas humanas, semelhante ao homem: braços de Deus, mão de Deus etc.

Código Deuteronomista – Do grego *deutero* + *nomista* = "repetição da lei", esse código é identifcado com a letra *D*. Quando os santuários do reino do Norte foram invadidos pelos assírios, em 722 a.C., os levitas fugiram para o sul levando consigo suas leis e textos sagrados (talvez o que consta no núcleo central de Dt 12–26), que foram depositados no Templo do Senhor em Jerusalém. Mas caíram no esquecimento. Todavia, sob o reinado de *Josias* (640-609 a.C.) o tal texto *D* foi encontrado, servindo então para inspirar a renovação religiosa empreendida por esse rei piedoso (cf. 2Rs 22). Essa tradição caracteriza-se por um estilo eloquente, que lembra as pregações e exortações feitas pelos sacerdotes ao povo fiel. As frases são cadenciadas, de modo a penetrar nos corações e movê-los ao amor e à generosidade para com Deus. Ressaltam-se ainda: a ideia da unicidade do culto como consequência da unidade com Deus; a ideia do ciúme de Deus; a apresentação do amor para com Deus e para com o próximo; a convicção de que Deus é sempre o Deus poderoso dos patriarcas. O código *D* praticamente se reduz ao quinto livro do Pentateuco.

Código Sacerdotal (ou "Priesterkodex", P) – O último grupo que teria contribuído para a formação do Pentateuco surgiu fora da Terra Santa. Foi durante o *exílio da Babilônia* (587-536 a.C.) que os sacerdotes de Jerusalém, exilados e distantes do Templo e da própria terra, teriam redigido a última tradição que compõe o Pentateuco. São características da tradição Sacerdotal: ênfase sobre o Templo, a Arca, o Tabernáculo, o ritual e a Aliança. Elaborada por sacerdotes, destaca os ritos e suas leis e exigências. No final do exílio, após o edito de Ciro (538 a.C.), o imperador persa permitiu a volta para a Terra Santa de todos os exilados, dos sacerdotes e das autoridades. Os sacerdotes levaram consigo o que produziram na Babilônia, podendo dar sua contribuição ao texto já conhecido desde o tempo de Salomão.

O período do pós-exílio foi um grande momento de resgate dos pontos fundamentais da religião de Israel. Acredita-se que nessa época todas as tradições mencionadas foram fundidas num único documento, o Pentateuco de nossas Bíblias.

A seguir, um exemplo da ocorrência das três fontes – J, E e P – no livro do Gênesis.[18] Os números correspondem aos capítulos desse livro bíblico.

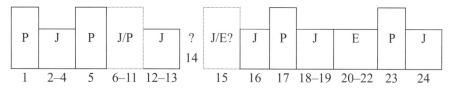

Os cinco livros do Pentateuco

Os cinco livros do Pentateuco foram organizados para mostrar, entre outras coisas, as bênçãos e as promessas de Deus para seu povo (cf. Gn 1,28; 9; 12; 15; 17; Ex 3; 6; Dt 7,12). O esquema histórico engloba desde o tempo da criação e do nascimento dos povos, passando pela era patriarcal, a permanência no Egito, no deserto e no Sinai, até o começo da conquista de Canaã, quando Moisés morre em frente à Terra Prometida (cf. Dt 34).*

É um longo tempo, que pode ser dividido em seis grandes momentos:

1. *Gn 1–11 – História primitiva* – (Gn 1–3) Origem do mundo, do homem e do pecado; (Gn 4) Caim e Abel; (Gn 6–9) Dilúvio; (Gn 10) Tabelas dos povos; (Gn 11) Torre de Babel.

2. *Gn 12–50 – História dos patriarcas* – (Gn 12–25) Abraão; (Gn 26) Isaac; (Gn 27–36) Jacó (Esaú, Labão); (Gn 37–50) José e seus irmãos.

3. *Ex 1–15 – Saída do Egito* – (Ex 1.5) Escravidão de Israel; (Ex 2) Juventude de Moisés; (Ex 3–4.6) Vocação de Moisés; (Ex 7–13) Pragas e a Páscoa; (Ex 14–15) Passagem pelo Mar Vermelho.

4. *Ex 16–18 – Do Egito ao Sinai* – (Ex 16) Maná e codornizes (cf. Nm 11); (Ex 17) Água da rocha (cf. Nm 20) e vitória sobre os amalecitas; (Ex 18) Encontro com Jetro.

5. *Ex 19; Nm 10,10 – Revelação no Sinai* – (Ex 19) Teofania; (Ex 20) Decálogo; (Ex 21–23) Código da Aliança; (Ex 24) Selo da Aliança; (Ex 25–31) Instrução para a construção da Arca da Aliança e sua realização; (Ex 32) Bezerro de ouro; (Ex 34) Decálogo cultual; (Lv 1–7) Leis sacrificais; (Lv 8–9) Consagração sacerdotal (Lv 8) e primeiros sacrifícios (Lv 9); (Lv

---

[18] Esquema do livro: *Uma leitura do Pentateuco*, de J. Briend (São Paulo, Paulus, 1997).

* Conferir resumo no Anexo 1 deste livro.

10) Pecado de Nadab e Abiú; (Lv 11–15) Normas de pureza ritual; (Lv 16) Festa da expiação; (Lv 17–26) Código de santidade e marcha pelo deserto.

6. *Nm 10–36 – Do Sinai a Moab –* Entram aqui os trechos principais do Deuteronômio (Dt 31–34); (Nm 12) Murmuração de Aarão e de Maria; (Nm 13) Os exploradores da terra; (Nm 16) Motim de Corá, Datã e Abirán; (Nm 22–24) Balaam.

O *livro do* Gênesis

A palavra *Gênesis* quer dizer "origem", porque esse livro começa falando das origens do mundo e do homem e da origem do Povo de Deus. Compreende duas partes: Gn 1–11 e 12–50. A primeira é chamada "pré-história bíblica". A ideia principal é a de que Deus, o Criador, fez o mundo e o homem muito bons, mas a desobediência levou o homem ao pecado, estragando a obra de Deus (como se vê no caso de Caim, do dilúvio e da torre de Babel). É uma tentativa por parte do autor de dar explicações sobre questões sérias e fundamentais da nossa existência, principalmente como entender a relação entre o bem e o mal e entre Deus e o pecado.

Nessa *história das origens (Gn 1–11),* conforme a visão dos autores, de um lado temos Deus que cria o mundo da melhor forma possível e capricha na criação do homem, colocando-o acima de todos os seres (imagem e semelhança de Deus) e como responsável (guardião) de tudo. Nessa visão, Deus criador formou o homem e a mulher e os chamou para a vida de uma forma totalmente diferente de todos os animais. O homem e a mulher são livres e têm consciência da própria existência, diferentemente dos animais que têm de cumprir obrigatoriamente aquilo que está prescrito em sua natureza animal, isto é, que agem de acordo com o "instinto". Deus criou a humanidade (homem e a mulher) para que pudesse usar da sua liberdade construindo relações de amor com seu Criador. O homem e a mulher foram feitos livres, para amar e ser amados por Deus. Mas o Gênesis coloca que eles preferiram ouvir a voz das coisas do mundo (simbolizada pela serpente, animal rastejante), que se encontrava numa posição inferior a eles. Não seguiram a voz de Deus nem cumpriram suas recomendações. Entra, então, na humanidade o pecado com todas as suas consequências: dor, cansaço, tristeza, dominação (cf. Gn 3,14-19).

O resultado foi a perda da perfeita condição original com a qual Deus havia criado o homem e a mulher: foram expulsos do paraíso, chamado de Éden. Fora do jardim criado por Deus, ao invés de se multiplicarem o bem e o amor, atestam os autores sagrados, o mal é que foi progressivamente crescendo. As consequências do erro do casal Adão e Eva atingem o nível familiar (Caim mata Abel), espalham-se para toda a sociedade (ódio e vingança de Lamec) e, por fim, atingem o céu, morada de Deus.

A humanidade caminhava para a ruína total, por isso Deus resolve refazer tudo. Chama Noé e sua família para com eles recomeçar tudo (cf. Gn 6–9). O *dilúvio* foi a forma de os autores bíblicos afirmarem que a humanidade teve uma nova chance para acertar seu caminho, a partir de uma família exemplar.

Mas tudo indica que homens e mulheres não aprenderam a lição; tentaram, a seu modo, buscar os céus (morada de Deus) dispensando sua ajuda. São castigados, então, com a confusão dos idiomas (Babel).

O mal crescente, presente na humanidade no início do mundo, pode ser expresso da seguinte forma:

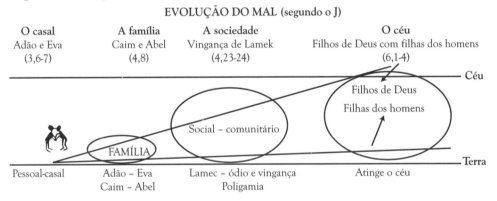

Na história dos patriarcas e matriarcas (cf. Gn 11–50), Abraão é chamado por Deus de um país estrangeiro (Ur, na Babilônia) para se dirigir a uma nova terra. Viaja para Canaã, passando por alguns santuários e, nesse tempo, recebe a promessa de Deus de que será pai de uma geração tão numerosa como as estrelas do céu (cf. Gn 15,5). Tentando cumprir a vontade de Deus, nasce Ismael (cf. Gn 16), mas seu filho legítimo é Isaac (cf. Gn 18–20). O ponto alto da história de Abraão é seu grande exemplo de uma fé inabalável diante da vontade de Deus (cf. Gn 22). Sua história encerra-se com o casamento de seu filho Isaac com uma parenta da terra de Arãm, na Mesopotâmia (cf. Gn 24). A história de *Jacó*, filho de Isaac, com mais detalhes, tem maior importância para os autores sagrados. Jacó tem seu nome mudado para *Israel* após uma luta com um anjo (cf. Gn 32). Do neto de Abraão nascem doze filhos, que posteriormente serão as doze tribos de Israel. Um dos filhos de Jacó, *José,* é levado escravo até o Egito, por motivo de inveja de seus irmãos, fato que coincide com uma grande seca que se abateu naquela região. Vários fatos se sucedem, e toda a família de Jacó acaba permanecendo no Egito, onde seus filhos e descendentes crescem e se multiplicam.

O livro do Êxodo

A palavra *Êxodo* significa "saída", pois relata a saída dos judeus que estavam prisioneiros no Egito. É muito dificil datar o evento do êxodo. Com base em dados históricos e em outros indícios no próprio texto bíblico, costuma-se apontar a data de 1300 a.C. O livro do Êxodo pode ser dividido em três partes principais.

1. A saída do Egito depois das dez pragas e a celebração da Páscoa (1,1–15,21).

2. A caminhada pelo deserto até o Monte Sinai (15,22–18,27).

3. A Aliança de Deus com seu povo no Sinai (19,1–40,38).

A libertação da escravidão do Egito é o acontecimento decisivo e inicial da história entre Deus Pai Criador que se revela ao seu povo, um Deus forte, guerreiro e, principalmente, um Deus que se posiciona e luta por sua gente. Em vários momentos da história de Israel, esse fato foi revivido, sobretudo nos momentos de crise.

Dentre as histórias do povo de Israel usadas pelos autores bíblicos, a do Êxodo é a que apresenta um conteúdo mais extenso e um maior número de dados. Por isso, todos os acontecimentos ligados à libertação do povo hebreu do Egito perpassam quase todos os livros do Pentateuco, com muita riqueza de detalhes.

Origem do Mundo → Os patriarcas → <u>Êxodo, Sinai e o deserto</u> → Entrada em Canaã ......
Gn 1–11   Gn 12–50   Ex 1 a Dt 34   Js 1–24

| LIVRO DO GÊNESIS | LIVROS DO ÊXODO, LEVÍTICO, NÚMEROS E DEUTERONÔMIO | LITERATURA DEUTERONOMISTA |

O segundo livro da Bíblia começa com um sumário da história de José (cf. Gn 37–50) sob duas dimensões: a história dos patriarcas (ou antepassados de Israel) e a história do povo de Israel. Inicialmente afirma que "Faleceu José e todos os seus irmãos e toda aquela geração" (Ex 1,6); em seguida diz: "Então subiu ao trono do Egito um novo rei, que não tinha conhecido José" (Ex 1,8), assinalando a passagem de um período da história dos patriarcas para a história do Povo de Deus no Egito. O que segue é algo profundamente diferente. Até esse momento, a história era de pessoas (Noé, Abraão, Isaac, Jacó, José e sua família); agora passa a ser a história do povo de Israel: "Os *filhos de Israel* foram fecundos e aumentaram muito [...]." (Ex 1,7). Todo o restante do Pentateuco se ocupará em relatar a história da parceria entre Deus, seu povo e Moisés.

Israel, escravo no Egito – Apesar de encontrarmos algumas afirmações de que o povo hebreu[19] esteve no Egito como *estrangeiro*, é muito mais marcante a narração de sua situação de *escravidão*, como se pode ver em Gn 15 (vv. 13-16). Nos versículos 13a e 14b, diz-se: "[...] teus descendentes serão estrangeiros num país que não será o deles [...] e depois sairão com grandes bens". Nos versículos 13b e 14a, lê-se: "Serão feitos escravos e oprimidos por 400 anos [...], mas eu julgarei a nação que eles tiverem servido". Talvez essa diferença seja fruto de duas tradições diferentes.

Muitas informações dadas pelo texto sagrado sobre a situação do povo no Egito podem ser confirmadas pela história e arqueologia, como as cidades de Pitom e Ramesses (Ex 1,11). Diz o Êxodo que o povo foi submetido a dura servidão para construir tais cidades.

---

[19] Este é o termo comumente aplicado ao Povo de Deus quando se encontrava no Egito.

Êxodo, fuga ou expulsão? – A forma clássica de falar da saída do povo do Egito é a de *fuga*, isto é, Moisés teria tirado à força (mediante as pragas) o Povo de Deus, sem o consentimento do faraó.[20] Nesse caso, teria saído às escondidas e desapercebidos. Já outros estudiosos afirmam ter sido uma *expulsão* pelo faraó, dado as pragas e catástrofes que se abateram sobre o Egito; assim, a saída teria sido uma "conquista" de Moisés e de Deus.

O texto final que temos em nossas Bíblias – redigido bem depois de os fatos terem acontecido – revela que vários grupos diferentes e em períodos diversos passaram pela experiência do êxodo do Egito, seja como expulsão, como fuga, como uma saída simples ou, simplesmente, como um retorno à terra dos pais. Provavelmente nem todos os períodos da permanência do povo no Egito foi marcado por escravidão. Em um dado momento, talvez quando os grupos se encontraram no oásis próximo da Terra Prometida, onde permaneceram por quarenta anos, as diferentes histórias foram fundidas em uma única sobre a saída do povo da escravidão do Egito.

A experiência do Egito é constatada, de um lado, como algo quase humilhante (origem: povo escravo), mas temperado e equilibrado com a grande manifestação do Deus de Israel, que toma partido a favor do seu povo.[21]

As partes do livro do Êxodo – O livro do Êxodo pode ser dividido em cinco partes.

Primeira parte – Narra a *saída, o êxodo* (1,1–15,21), organizada com a festa de *Pesach* (Páscoa). Nos fatos iniciais do confronto entre Deus e o faraó, sobressai o grande poder de Deus, que, aos poucos, revela-se maior que o dos magos e do próprio faraó e seus deuses. Para convencer o faraó a deixar o povo sair do Egito, Deus desencadeia sobre os egípcios diversas pragas, que vão desde a mais simples (como transformar uma vara

---

[20] O que tenha talvez acontecido no século XIII a.C. como uma fuga. Ramsés II devia ter sido o faraó da opressão e Meneftá o faraó da fuga. De fato, em Tebas, no templo funerário deste último soberano, foi encontrada, em 1895, uma estela de basalto negro datável entre 1230 e 1219 a.C. Nela aparece, pela primeira vez fora da Bíblia, ao lado de uma lista de centros cananeus e de tribos nômades, o nome de Israel: *Israel foi devastado, nada restou*. O faraó atribui-se, nos escritos, vitórias mesmo anteriores ao seu reinado e, por isso, reduz o êxodo de Israel a um triunfo todo seu.

[21] O historiador norte-americano J. Bright assim escreveu: "Não se trata de nenhum tipo de tradição que qualquer povo inventaria! Não há nele a época heroica das migrações, mas somente a lembrança de uma vergonhosa servidão da qual só a mão de Deus ofereceu a libertação".

em serpente) até atingir o coração da família do faraó com a morte do primogênito.

Nessa primeira parte, encontramos a revelação do *nome de Deus* (cf. Ex 3,13-16). Depois de ter recebido a missão de libertar o povo, Moisés pede ainda uma legitimação ou confirmação: em nome de quem está agindo. O nome é que dava existência e posse sobre algo ou alguém. Moisés pensa que falar o nome divino era a forma de garantir uma ligação especial e segura com Deus. Depois que Moisés pergunta o nome de Deus, ele simplesmente responde: "Eu sou aquele que sou" no v. 14 (אֶהְיֶה אֲשֶׁר אֶהְיֶה) e ainda acrescenta (v.14b): "Assim dirás:' EU SOU me enviou a vós'" (אֶהְיֶה שְׁלָחַנִי אֲלֵיכֶם).

No v. 15, o envio é confirmado e definido para todos os israelitas, e o autor simplesmente apresenta o nome de Deus como em seu tempo já era usado (יְהוָה אֱלֹהֵי אֲבֹתֵיכֶם), "O Senhor, Deus de vossos pais [...]", isto é, JHWH.[22] *Deus* passa a ser o nome oficial, ao qual todos deviam se dirigir. No hebraico, no entanto, aparecem apenas quatro consoantes (יהוה).

A proibição de mencionar o nome *Deus* acontecerá somente no século IV a.C.,[23] quando passou a ser nomeado, diante do tetragrama, como "Adonai" meu Senhor (o que levou a tradução LXX, no século III a.C., a usar o termo *Kyrios,* que significa *Senhor*).[24]

Segunda parte – as primeiras etapas no deserto (15,22–18,27). O Povo de Deus retoma sua jornada tendo agora a meta definitiva, que é a Terra Prometida, mas é conduzido para o Monte Sinai,[25] onde Moisés conhecera Deus na "sarça ardente"; é o lugar do encontro. Esses capítulos tratam dos *dias de permanência no deserto,* entre a saída do Egito e a chegada no Sinai.[26] Mas não foram dias de satisfação e alegria. Os textos mostram uma

---

[22] Parece que há uma evolução e uma profunda ligação entre o verbo *ser* na primeira pessoa do singular "eu sou" (אֶהְיֶה) para a terceira pessoa (היה), com o tetragrama do nome de Javé (יהוה).

[23] Após o exílio da Babilônia, os judeus, numa tentativa de viver a religião judaica com muito mais seriedade, resolveram evitar pronunciar o nome de Deus, para não usá-lo de forma incorreta ou em vão.

[24] Ver nota 9.

[25] Observando alguns textos tidos como do Credo de Israel, da libertação do Egito, segue-se imediatamente o ingresso na Terra Prometida (cf. Dt 26,5-9; 6,20-25; cf. ainda 1Sm 12,8; Ex 15,12ss; Sl 78,52b; 136,16; 105,40s; Jr 2,6; Am 2,10), faltando assim a menção dessa importante parada no Monte Sinai.

[26] Alguns desses contos estão ligados a determinadas localidades e à origem de histórias de povos e grupos locais (Mara 15,23; Massah e Meribah 17,7; Elim 15,27; Rafidim 17,1.8).

constante murmuração dos israelitas contras Moisés e Aarão (cf. 15,24; 16,2.7-9.12; 17,3), principalmente pela falta de água e de comida. Chegam a reclamar por terem saído do Egito (cf. 14,11s).

Terceira parte – O trecho de Ex 19–24 é tido como uma sessão independente do texto original e é constituído de duas partes importantes: *os Dez Mandamentos – Decálogo* (cf. 20,1-17) – e o *livro da Aliança* (cf. 20,22–23,19), mencionado também em 24,7. É para a Aliança do Sinai (cf. 19,1–24,11) que tendiam a saída do Egito e a caminhada no deserto (cf. 3,12; 5,1-3; 6,7; 7,16: "Deixa partir o meu povo para que ele me sirva."). Depois da proclamação do Decálogo, a liderança de Moisés é reforçada (cf. Ex 20,18-21). No capítulo 24, a inteira proclamação da lei é fechada com a solene estipulação do pacto; em 24,7s são retomadas as palavras fundamentais de ordem de 19,5: "pacto, Aliança" e "escutar a voz de Deus".

Quarta parte – O quarto bloco de textos que seguem (Ex 24,12–31,18 e Ex 35–40) são da tradição Sacerdotal (elaborados no tempo do exílio da Babilônia – 586 a 538 a.C.), muito próximos daquilo que menciona Ez 40–48: *centralidade do culto* (716 a.C.). Os textos convidam o povo a permanecer fiel às instituições religiosas (lei, templo, culto, sábado). Depois da celebração da Aliança, Moisés é convocado a subir novamente ao Monte Sinai (cf. Ex 24,12ss), onde recebe as instruções para a construção do santuário e para o culto. Lá ele permanece quarenta dias (cf. v. 18), e o povo, imaginando ter acontecido o pior com Moisés, esquece-se de Deus e peca contra ele, construindo um bezerro de ouro (cf. Ex 32,1ss).

Quinta parte – Os textos de Ex 32–34 recolheram tradições javistas (do tempo de Salomão) e eloístas (do reino do Norte); sua identificação exata é muito difícil. Os textos trazem uma reflexão sobre a Aliança, rompida e depois refeita. Por fim, no capítulo 34 há outro Decálogo (cf. 34,10-26).

O livro do Êxodo termina mencionando a presença da nuvem sobre o acampamento onde se encontrava a Arca da Aliança. Trata-se da mesma nuvem que, antes, havia envolvido o monte Sinai e preservava a glória de Deus (*Kabod* – Ex 24,15-18), mantendo o povo longe dele. Mas agora essa nuvem e o *Kabod* se locomovem, acompanhando os filhos de Israel em sua viagem (cf. 40,34ss). De agora em diante, a presença de Deus, expressa na sua glória, acompanhará Israel por toda a peregrinação no deserto.[27]

O livro do Levítico

O terceiro livro da Bíblia tem o nome de *Levítico* por conter prescrições e normas ligadas a levitas e sacerdotes, que eram responsáveis pelo culto e suas normas (cf. 1,1–10,20). Nesse livro encontramos as normas para a santidade do povo (cf. 11,1–27,34). Como os sacerdotes deviam ser membros da tribo sacerdotal de Levi,[28] o livro acabou tendo um nome que é extensão deste.

Estrutura e conteúdo do Levítico – O livro Levítico pertence à tradição Sacerdotal (do tempo do exílio da Babilônia). São 27 capítulos nos quais o Senhor explica a seu povo o que deve fazer para viver sempre em comunhão com ele. O livro pode ser dividido em quatro seções.

Primeira seção: *A lei sobre os sacrifícios* – Em Lv 1–7 são descritos os vários tipos de sacrifícios que os israelitas deviam oferecer a Deus em certas circunstâncias.

Nessa primeira seção, destacam-se os sacrifícios. São oferecidos a Deus para dele se reaproximar ou para resgatar uma comunhão perdida pelo fiel. O sacrifício é sempre aplicado em circunstâncias específicas, como expiação de pecados, resgate de uma pessoa, consagração.

Há vários tipos de sacrifícios: o primeiro é chamado de *sacrifício-olah – holocausto* (cf. Lv 1). Toda a vítima (um animal) era completamente queimada, menos a pele, que ficava com o sacerdote. A pessoa colocava a mão sobre a vítima e pensava em seus pecados. A partir desse momento, o animal representava o ofertante diante de Deus. O animal devia ser perfeito (somente o melhor devia ser oferecido a Deus). Seu sangue era derramado sobre o altar como sinal de que a vida do animal morto era oferecida a Deus.

---

[27] Ex 40,36-38 é normalmente coligado com a tradição da coluna de nuvem e fogo em Ex 13,21ss; 14,19; Nm 9,15-22; 10,11ss.

[28] Os hebreus, que costumam chamar um livro com as iniciais, o intitulam com as primeiras palavras do texto: "*wayyikra* = e chamou".

O segundo tipo de sacrifício é descrito como *sacrifício-minhah* – *oblação*. Era feito com oferendas da terra: cereais, farinha juntamente com óleo. Uma parte chamada de *memorial* era queimada sobre o altar, a outra era reservada a Deus; essa parte ficava no santuário como contribuição para manter os sacerdotes (cf. Lv 2; 6,7-11).

O terceiro tipo era o *sacrifício-shelamim* – *sacrifício de paz* ou *de comunhão*, parecido com o de holocausto. No sacrifício de comunhão, somente as partes gordas da vítima (tida como a parte melhor) era oferecida a Deus sobre o altar; o restante era consumido pelos sacerdotes, pelos ofertantes e por suas famílias (cf. Lc 3).

O quarto tipo eram os sacrifícios pelos pecados. Realizados de duas formas: *sacrifício-hattah* – *sacrifício de expiação* – e *sacrifício-'asham* – *sacrifício de reparação*, eram oferecidos pela pessoa que tinha cometido uma culpa contra alguém ou contra Deus. Esses sacrifícios são amplamente descritos em Lv 4; 5; 7.

Destaca-se dos demais sacrifícios o ritual do *Dia da expiação* (cf. Lv 16). Nele eram sacrificados dois bodes perfeitos, sem machucaduras nem doenças. Um era morto como no sacrifício normal pelo pecado; o outro bode – sobre cuja cabeça todos colocavam a mão, pensando nos próprios pecados – era levado para o deserto, onde devia morrer naturalmente.

Segunda seção: *A lei dos sacerdotes* – Lv 8–10 trata das cerimônias de consagração sacerdotal de Aarão e de seus filhos. Daí nasce a obrigação da santidade dos sacerdotes, pois eram intermediários entre o Deus santo e o povo, que devia ser santo. O patriarca da tribo de Levi tinha três filhos: Gerson, Caat e Merari. Seus descendentes formaram três grupos de levitas. A família Caat – que é a família de Aarão, irmão de Moisés – foi escolhida para o serviço especial do sacerdócio consagrado. Somente os sacerdotes é que podiam oferecer os sacrifícios; as demais famílias dos levitas tinham outras tarefas, ligadas à manutenção do culto e do Templo.

Terceira seção: *A lei de pureza* (Lv 11,16) – O povo devia ser santo e puro, por isso, essa parte do Levítico cuida de mostrar os vários gêneros de impureza que impedem o homem de se aproximar do santuário. Em Lv 11–15 há leis para a vida diária e cuidados para se abster de toda impureza. Por isso, são decretados quais animais se podiam comer e quais tinham de ser evitados por serem considerados impuros. O Lv 16 é o cerne do livro:

descreve a liturgia solene *Yôm Kippur* (Dia da expiação ou do Grande perdão).[29]

Quarta seção: A lei de santidade (Lv 17–26) – Se o Senhor Deus é *santo = gadosh* (cf. Ex 26,33), também o povo que ele escolheu deve ser *gadosh = santo*. Essa seção defende, então, que o homem deve evitar tudo aquilo que o impede de entrar em comunhão com o Deus Santo.

O livro dos Números

Esse livro leva o nome *Números* por retratar o recenseamento feito por Moisés no deserto. Mas não se restringe a isso; contém outras leis e a narrativa da caminhada do povo até as margens do Jordão (cf. 1,1–36,13). O livro narra a transferência do povo do Sinai às estepes de Moab, onde se prepara para entrar na Terra Prometida. O livro dos Números pode ser dividido em três blocos.

A comunidade dos filhos de Israel no Sinai (Nm 1–10) – A primeira parte do livro dos Números narra o que aconteceu nos últimos dezenove dias em que os filhos de Israel permaneceram no deserto do Sinai. Nos primeiros quatro capítulos temos a informação sobre *a origem divina da organização da comunidade de Israel*. Fala-se, de um lado, do recenseamento e da organização da *parte leiga* das tribos: as doze tribos de Israel (Nm 1–2); de outro, do recenseamento e da organização da *parte sagrada* das tribos: os levitas. Através do recenseamento – a contagem dos homens aptos para as armas –, Israel toma consciência de sua realidade de povo.

Feito o levantamento, todos (povo e os ministros sagrados) podem partir com a bênção sacerdotal. Assim, entende-se a prescrição de afastar os impuros (com doenças contagiosas e os pecadores) do acampamento, pois Deus é santo e exige a máxima santidade e pureza do seu povo. Ainda em Nm 7–8 é descrito o início do culto no lugar adequado, com oráculos divinos. Em Nm 9–10 são descritos os últimos preparativos para a primeira partida do Sinai, com a celebração da Páscoa.

A comunidade dos filhos de Israel no deserto, desde o Sinai até Moab (Nm 11–22) – É a parte mais importante do livro dos Números. Apesar de

---

[29] Depois são mencionadas as doenças da pele, como a lepra e, em Lv 15, fala-se da impureza devida às perdas corporais, tanto menstruais como seminais; é preciso lavar-se com frequência para evitar infecções.

tudo o que foi mencionado sobre a santidade de Deus, o povo oferece resistência durante a marcha pelo deserto.[30]

Nessa nova marcha, são colocadas as grandes etapas do itinerário com fórmulas do estilo sacerdotal: *Os filhos de Israel partiram[...] e chegaram [...]* ou então *e acamparam*. Há também indicações topográficas que ajudam na reconstrução de itinerário.

- *Do Sinai ao deserto de Farã* (Nm 10–12) – "No segundo ano, no segundo mês, no dia vinte do mês" (Nm 10,11) depois da saída do Egito, o povo coloca-se a caminho como uma marcha triunfal ou uma imensa procissão, o que dará o tom a todas as procissões posteriores.[31] Nos capítulos 2, 9 e 10 de Números, a caminhada é narrada de uma forma surpreendente e fantástica; a sucessão das tribos, o som das trombetas, o lugar dos estandartes, tudo parece indicar uma parada militar. Tudo tem sentido e significado, pois agora a Arca da Aliança acompanha o cortejo. Moisés sublinha o sentido religioso de tudo: "Quando a Arca partiu, disse Moisés: 'Levanta-te, Deus, e sejam dispersos os teus inimigos [...]'. E no lugar do repouso dizia: 'Volta, Deus, para as multidões de milhares de Israel'" (Nm 10,35-36).

Pelo deserto, rumo à Terra Prometida, as paradas são apenas o tempo de repouso. Mas o trajeto escolhido não é o mais curto, tornando o caminho uma verdadeira estada no deserto. Nesse trajeto escolhido, Moisés dirige-se aos madianitas, tribo do deserto aliada do Povo de Deus. Em Nm 12 tem-se a informação da murmuração de Mariah, irmã de Moisés, e de sua punição.

- *O reconhecimento de Canaã* (Nm 13–14) – O povo já se encontra às portas da Terra Prometida. Moisés envia exploradores (cf. Nm 13), mas eles narram, após retornarem, aquilo que viram e os desafios

---

[30] Há contínuas releituras no curso da história da salvação (Dt 1–3; Sl 68,8-11; 78,17-41; Sb 16–19; 1Cor 10,1-3 etc.).

[31] O Salmo 104 cantará as codornizes, o maná ou a água da rocha sem fazer alusão alguma às murmurações do povo. Conservará apenas os desvelos de Deus que conduz seu povo num alegre cortejo em direção ao país que ele prometeu. É um dos salmos mais curtos, este do Êxodo. Canta uma libertação, evoca uma dança. O mar e o rio, a montanha e as colinas parecem correr numa farândola (tipo de dança), para acompanhar um povo que é o santuário de Deus onipotente.

encontrados (terra de gigantes e armados), e o povo fica com medo. Mais uma vez, recusa-se a acreditar na força de Deus (cf. Nm 14). Aqui se procura justificar os "quarenta anos no deserto" como punição. Os anos correspondem aos dias que os batedores permaneceram na Terra Prometida (cf. Nm 14,33-34).

- *A revolta de Coré e o estatuto sacerdotal* (Nm 15–19) – Trata-se de uma seção com *prescrições* diversas, relacionadas com os sacrifícios e oferendas vegetais *(minhah)*. Seguem-se três prescrições sobre a expiação pelas faltas involuntárias, a lapidação no caso da violação do sábado e as franjas das vestes para a pessoa se lembrar de todas as leis do Senhor.

- *Marcha de Cades aos campos de Moab* (Nm 20–21) – O autor narra os últimos acontecimentos antes da chegada às planuras de Moab, nas margens do Jordão (cf. Nm 22,1). Embora castigue seu povo, Deus o protege: provê água mesmo no deserto e o liberta de desgraças, passando pelo Arnon (cf. Nm 21,13.14.24) como um novo Mar Vermelho; dobra e vence seus inimigos.

Nas estepes de Moab (Nm 22–36) – A última parte do livro dos Números indica claramente o lugar geográfico (cf. Nm 22,1) em que o povo se encontrava: na planície de Moab;[32] agora a manobra de posse acontece na Transjordânia. Nesse contexto, foram preservadas informações sobre o *santuário de Baal-Fegor* (cf. Nm 25), a importante *história de Balaão* (cf. Nm 22–25) e os documentos sobre o país *de Jazer e de Galaad* (cf. Nm 32). O povo enfrentou batalhas e inimigos, como Seon e Og, mas ninguém pôde conter a sua marcha vitoriosa. O povo, que retoma a marcha para tomar posse da Terra Prometida, está totalmente renovado (cf. Nm 23–24): são os filhos daqueles que pecaram no deserto e, com a ajuda de Moisés, souberam evitar a contaminação dos cultos pagãos (cf. Nm 31,13-24). Moisés institui Josué como seu sucessor (cf. Nm 27,12-23), faz um novo recenseamento com vistas à guerra de conquista (cf. Nm 26) e estabelece como será a divisão de Canaã.

---

[32] Nos capítulos anteriores – Nm 10–21 –, o autor colocou os relatos do tempo em Cades, no Negueb, e dos esforços de penetração em Canaã pelo sul.

O livro do Deuteronômio

Deuteronômio significa *repetição da Lei* (*déuteron* = segundo; *nómos* = Lei). O último livro do Pentateuco é constituído pelos cinco sermões de Moisés que recapitulam a Lei (cf. 1,1–4,43; 4,44–11,32; 12,1–28,69; 29,1–30,20; 31,1-29) e pela narração do fim de sua vida (cf. 31,30–34,12). É um grande discurso de despedida de Moisés aos israelitas. O livro termina com a morte de Moisés e a confirmação de Josué como seu sucessor, fato já anunciado em Nm 27,12ss.

O livro inicia com um duplo discurso introdutório (cf. 1,1–4,40 e 4,44–11,32), seguem uma parte que é uma coleta de leis já conhecidas (caps. 12–26) e a parte conclusiva (caps. 27–34).

A estrutura do Deuteronômio – 1. *O primeiro discurso introdutório* (1,1–4,40) – Retoma a história de Israel do momento da partida do Horeb (o Deuteronômio prefere Horeb a Sinai). O discurso visa a esclarecer que a geração do Horeb não confiou no Senhor, por isso não foi digna de ocupar a Terra Prometida (cf. 1,19–2,15). Cabe à nova geração ver cumprir-se a promessa (cf. 2,16–3,21); para tanto deverá seguir, em Canaã, os mandamentos deixados por Deus no Horeb (4,1-22).

2. *O segundo discurso* (4,44–11,32) – Começa com uma nova introdução (cf. 4,44-49), na qual se repete para as gerações atuais (cf. 5,3) o decálogo, com o reforço de Moisés como mediador (cf. 5,23-31). Em 6,4, com o "Escuta, Israel," (cf. 5,1), é reforçada a síntese da religião israelita: "Javé é o nosso Deus, Javé é um" (cf. ainda 4,35.39; 7,9; 10,17). No entanto é preciso manter constantemente seus mandamentos no coração e diante dos olhos (cf. vv. 6-9), com alerta sobre as divindades estrangeiras (cf. 6,10-19). Deus procura alertar seu povo contra o perigo de subestimar os outros povos (7,1–10,11), tudo é feito tendo em mente a apostasia do monte Sinai (9,7–10,11). Esse trecho termina com um longo discurso (10,12–11,32) sobre bênção e maldições em relação aos mandamentos de Deus (11,26-28).

3. *A coleta das leis* (Dt 12–26) – Inicia enfatizando a "centralidade do culto" (cf. 12,2-28), que contém dois aspectos principais: a "pureza cultual" (cf. 12,2-7) e a "unidade do culto" (cf. 12,8-12). O lugar para celebrar o culto verdadeiro não é nomeado, mas indicado: "o lugar que Deus escolher" (cf. 12,5.11.14.18.21; 14,23-25).

4. *Parte conclusiva* (Dt 27–34) – Os capítulos 28–30 estão ligados ao discurso feito por Moisés em 1,1. O capítulo 28 expõe o tema da bênção (cf. vv. 1-14) e da maldição (cf. vv. 15-68), como em 11,26-28. O capítulo 29 fala de um novo início como o "hoje" da Aliança (cf. vv. 11s), válido para as gerações futuras (cf. vv. 13s). Reafirma o mandamento dado a todos (cf. 30,11-14), condição para bênçãos e maldições, vida e morte (cf. 30,15-20). Por fim, é apresentado o discurso de despedida de Moisés (cf. Dt 31–34) e suas últimas instruções; Josué é definitivamente colocado como sucessor de Moisés (cf. 31,1-8e, vv. 14s.23). O Deuteronômio conclui com a morte de Moisés (cf. 34,1-4).

Terra Prometida: Canaã e os juízes

A promessa feita por Deus a seu povo era a de tirá-lo da terra da escravidão para colocá-lo numa terra em que "emanam leite e mel" (cf. Ex 3,8). Assim, Deus promete fazer um serviço completo com quem ele fez Aliança.[33]

Os livros que estão colocados logo após o Pentateuco, *Josué e Juízes*, falam das dificuldades enfrentadas pelo povo para ocupar a terra de Canaã (entre os anos 1220 a 1030 a.C.). "Tudo o que é bom não vem fácil", uma frase que conhecemos muito bem e que o Povo de Deus experimentou para realizar seu sonho de ter seu próprio chão.

Josué recebe de Moisés, ainda no deserto (no alto da montanha Nebo), a missão de conduzir o povo nesta nova etapa de sua história: sair do deserto e entrar na terra tão esperada. Josué escolhe conduzir o povo e organizar a entrada não pelo lado sul do país, onde com certeza existiam fortificações egípcias, mas, por outra parte, talvez fosse a mais fraca. O povo não era formado de guerreiros e tinha poucas armas, por isso era preciso escolher uma entrada mais fácil. Segundo o livro de Josué, o povo teve, no entanto, de derrubar as muralhas de Jericó para alcançar a Terra Prometida.

A Terra Prometida, Canaã (habitada no passado pelo patriarca Abraão – cf. Gn 12,5), estava muito bem ocupada por diversos povos com seus reinos bem organizados. Sabe-se pela história que nessa época a região estava

---

[33] Alguns estudiosos acrescentam o livro de Josué (que está logo após o Deuteronômio) como parte integrante dos livros principais para a promessa de Deus, passando a ser um "Hexateuco" (seis livros), pois neste é que se realiza a promessa colocada desde o início a Abraão de dar uma terra para seu povo (Gn 13,12-15).

ainda sob o jugo do Egito, que mantinha seu poder por meio de cidades fortificadas, governadas por mandatários do faraó. Os vales e as terras férteis praticamente pertenciam ao governo estrangeiro. Havia ainda pequenos reinos que detinham poder em seus territórios: heteus, gergeseus, amorreus, cananeus, ferezeus, heveus, jebuseus (cf. Dt 7,1; Ex 3,8.17) e filisteus (cf. Js 13,2). Não foi fácil ocupar tal terra.

Muitas são as hipóteses de como verdadeiramente ocorreu a ocupação da terra de Canaã.[34] A Bíblia nos fala de diversas batalhas, algumas até efetuadas de forma miraculosa, em que o povo foi se impondo sobre os diversos grupos e nações existentes na região. Depois de atravessar o rio Jordão, ocupou o território mais ao sul (cf. Js 1–10) e em seguida as terras do norte (cf. Js 11–12). (Cf. Anexo 2, mapa 3.)

Estima-se que o período de instalação na terra seja de quase duzentos anos. Tudo indica que, ao entrar na Terra Prometida, como os hebreus não eram um povo de guerreiros, escolheram inicialmente locais onde não encontraram grande resistência: o vale do Jordão (lembrando que na região litorânea próxima do Mar Mediterrâneo havia as fortificações egípcias). Depois, os diversos grupos de hebreus ocuparam as montanhas,[35] longe do domínio das cidades-estado dos egípcios, que exerciam seu poder subjugando e impondo pesados impostos aos seus súditos. Nas montanhas encontraram outros grupos opositores ao regime vigente. Ao longo desse período, com o enfraquecimento do poder egípcio e com uma melhor organização dos grupos, o Povo de Deus foi se impondo e conquistando cada vez mais espaço na terra de Canaã. O livro de Josué (caps. 13–21) apresenta-nos apenas a história da distribuição das tribos no território ocupado.

Uma vez instaladas e com pouca resistência por parte dos clãs que não se juntaram às tribos dos antigos hebreus, elas se organizaram tendo sempre a fé em Deus como forma máxima de poder. As tribos espalhadas pela Terra Prometida aos poucos foram conseguindo certa estabilidade econômica e despertando o interesse dos povos vizinhos. Mas, conforme foram adquirindo certa estabilidade com um poder maior, as tribos (já no formato de

---

[34] O volume 4 da Coleção Bíblia em Comunidade, *As famílias se organizam em busca da sobrevivência*, trata com profundidade as diversas hipóteses da ocupação de Canaã.

[35] Nesta mesma linha de ideias, teriam sido as diferentes montanhas que teriam dado nome às diversas tribos de Israel: "Montanha de Efraim" à tribo de Efraim (cf. Js 20,7; 21,21; 1Rs 4,8), "Montanha de Neftali" à tribo de Neftali (cf. Js 20,7; 1Rs 4,15).

pequenas nações) foram alvos de invasões e até de derrotas por parte de grupos interessados em suas riquezas. Nesse período de organização tribal, o poder ainda estava centralizado em Deus, que suscitava heróis para organizar e expulsar os invasores. É o período dos *juízes*.

Os juízes foram pessoas – homens e mulheres – revestidas com o poder que vinha de Deus para resolver um problema[36] ligado às tribos ou a grupo delas. Provavelmente cada tribo tinha suas histórias de combates e de demonstração da sabedoria desses homens e mulheres. Além da função militar (organizar e liderar o povo em batalhas) alguns juízes atuaram como mediadores em contendas e questões pessoais e nacionais. Costuma-se organizá-los em *Juízes maiores* (com a função de resolver questões de segurança das tribos) e *Juízes menores* (mais voltados para questões administrativas).[37]

Os juízes exerciam sua missão até que o problema fosse resolvido. Quando tudo estava solucionado, voltavam à sua vida comum, quando não davam a vida nas batalhas. O sistema que subsistia entre todos era a *Teocracia*: Deus detinha o poder central e supremo sobre todos, era ele quem convocava, dava força e sabedoria para os juízes atuarem.

Nesse tempo, o sistema vigente entre as diversas tribos era o da *Confederação das nações*,[38] que deve ter sido sacramentado após várias e sucessivas campanhas conjuntas entre as diversas tribos de Israel. O texto principal que nos passa essa ideia é o de Js 24,1-28.

Muitos eram os pontos que uniam todas as tribos (ou pequenas nações): fé no mesmo Deus, mesma língua e mesma tradição (ligada aos patriarcas). No momento em que se uniram para combater juntas, várias tradições foram assumidas como sendo de todas as tribos, pois cada uma sentia-se igualmente herdeira das promessas do Deus. Assumiam também como

---

[36] Desde questões de julgar pequenos delitos até organizar e encabeçar guerras, principalmente, defender-se de outros povos invasores.

[37] Juízes maiores são Otoniel, Aod, Débora, Barac, Gedeão, Jefté, Sansão e Samuel; juízes menores: Samgar, Tola, Jair, Abesã, Elon e Abdon.

[38] As doze tribos mantinham certa autonomia para governar suas riquezas e terras, mas existiam pontos fortes que uniam todas as tribos, formando uma grande confederação de tribos ou pequenos reinos. As tribos eram autônomas, mas se uniam quando eram convocadas para defender outras tribos ou várias tribos. Para mais informações, consultar o volume 4 da Coleção Bíblia em Comunidade, *As famílias se organizam em busca da sobrevivência*.

própria a grande experiência de fé e da presença de Deus, por ocasião da saída do Egito, que alguns grupos preservaram de seus antepassados.

A liga das tribos mantinha costumes e características inspirados na fé que possuíam em seu Deus: não havia imposição ou dominação, pois Deus era o Senhor de todos; ninguém era dono definitivo da terra (no ano jubilar voltava para a família que a tinha herdado) nem do próximo (as dívidas eram perdoadas no ano jubilar); não havia escravos e patrões. Um sistema de vida e de fé influenciado pelos Dez Mandamentos e pela fé em Deus uno.

Com a Terra Prometida ocupada e as tribos instaladas, tendo o próprio Deus como único poder sobre todos, concretizam-se as promessas feitas por ele ao seu povo. Realiza-se aquilo que, no Projeto do Pai, fora prometido a Abraão (cf. Gn 18,8), a Moisés e a seu povo no Egito.

Rei e Jerusalém: projetos assumidos por Deus

Com a *Confederação das tribos* e o poder vindo de Deus, tudo parecia perfeito e conforme o Projeto de Deus, mas as coisas não continuaram dessa forma depois de quase dois séculos de presença na Terra Prometida.

Com o tempo, as tribos conseguiram certo desenvolvimento estrutural, acumulando também alguma riqueza, principalmente pela agricultura, o que favoreceu o desnível entre elas. As aldeias situadas mais ao Norte (com terras mais ricas e quase sem deserto) conseguiram enriquecer-se mais rapidamente do que as do Sul (com clima mais desértico e terras menos produtivas). O desnível financeiro desequilibrou a Confederação das tribos; estas passaram a se reunir em lugares diferentes: em Siquém, no Norte, e em Hebron, no Sul.

A riqueza começou a atrair cada vez mais a atenção e a cobiça de povos vizinhos, mais equipados para a guerra (com carros de combate e espadas de ferro), como os filisteus. Chegaram a vencer o Povo de Deus várias vezes e até destruíram alguns santuários, como o de Silo, inclusive sequestrando a Arca da Aliança (cf. 1Sm 4,4-10). Diferentemente do Povo de Deus, esses opositores tinham uma organização em torno do rei e um exército permanente.

O sistema vigente de líderes esporádicos (juízes), chamados para resolver os problemas quando surgiam, estava se demonstrando insuficiente para combater os inimigos do Povo de Deus. Ademais, Samuel – o último juiz, chamado de profeta –, mesmo idoso, tinha conseguido reunir um grande número de tribos para combater os inimigos de Israel (cf. 1Sm 7,3-9), mas seus filhos – corroídos pela ganância (cf. 1Sm 8,1-3) – não inspiravam confiança nos chefes das tribos. Na visão dos anciãos, não restava outra alternativa senão Israel também ter um rei. Assim, eles foram até Samuel e lhe pediram que escolhesse e consagrasse um rei para reinar sobre seu povo (cf. 1Sm 8,5). Por esses e outros motivos, surge a *monarquia* em Israel.

Pode-se afirmar com certeza que o regime monárquico não fazia parte do Projeto original de Deus para seu povo. Os textos que temos na Bíblia, a respeito desse período, retratam a decepção de Deus quando seu povo pede um rei para governar sobre ele. Diferentemente do *juiz*, que era instituído provisoriamente para uma missão, o *rei* era ungido e deveria reinar até o final de sua vida.[39] Todos sabiam muito bem o que significava ser e ter um rei, pois o Povo de Deus estava cercado por países com regime monárquico.

Nessas nações, geralmente o rei se considerava diferente das demais pessoas, e, quase sempre associado à religião, era como um deus ou o legitimador da vontade dos deuses. Devia ser mantido pelo povo, e este, sujeitar-se aos seus caprichos. O monarca considerava tudo e todos propriedade dele. Podia dispor até da vida das pessoas, que deviam servir o exército, protegê-lo e defender o país. O rei tinha o direito de possuir uma casa à sua altura (normalmente um belo e grande palácio) e de ter muitos a seu serviço.

O livro 1Sm alerta, da parte de Deus, sobre o risco de ter um rei (cf. 1Sm 8,11-22). Nem o juiz Samuel e muito menos Deus concordaram inicialmente com a ideia. A reação de Deus foi a de que o povo o estava rejeitando (cf. 1Sm 8,6-7). Mas mesmo contrariado, Deus resolveu atender ao pedido, escolhendo, ele mesmo, quem deveria governar sobre seu povo (cf. 1Sm 9,17).

O rei, então, é escolhido para governar o povo de Israel, mas à moda de Deus,[40] não seguindo o modelo de outras cortes, principalmente a dos fa-

---

[39] Os reis, uma vez ungidos, não poderiam mais deixar de sê-lo, isto é, seriam reis até o final de suas vidas. A unção segue a mesma ideia e princípios da unção sacerdotal: uma vez ungida, a pessoa torna-se sacerdote para sempre, inclusive, somente um ungido (sacerdote) é que tinha o poder da unção, poderia ungir um rei.

[40] Na escolha de Jeroboão (neto de Davi) para reinar sobre Israel, Aias, falando em nome do Senhor, lembra ao futuro monarca as obrigações e compromissos de um rei: "Se ouvires tudo o que eu te ordenar, e andares nos meus caminhos, e fizeres o que é reto perante mim,

raós do Egito. Samuel, a mando do Senhor, escolhe *Saul* para ser o primeiro rei de Israel.[41] Foi ungido por Samuel e aclamado rei, mas não conseguiu congregar em torno de si o povo espalhado por toda a terra de Canaã. Tudo indica que exerceu certo poder, não ainda como um rei absoluto, mais entre as tribos do Norte, das quais viveu mais próximo. Exerceu pouco poder em relação às tribos do Sul (cf. 1Sm 10–11). Em alguns momentos, aparenta ser muito mais um líder das tribos do Norte, nos moldes antigos, do que um rei. Saul foi um rei que não deu certo. Esqueceu logo sua missão de rei do Povo de Deus e, movido por interesses pessoais, cometeu vários pecados e abandonou os princípios que deviam norteá-lo como rei de Israel. Acabou, então, sendo desprezado por Samuel e pelo próprio Deus.[42] Depois de sua morte e a de seus descendentes, o caminho ficou livre para a subida do verdadeiro rei que rege todo o Povo de Deus: *Davi*.

Davi é considerado pelo povo da Bíblia como o verdadeiro e o primeiro rei de Israel.[43] Todo o processo de escolha do pequeno pastor demonstra que ele foi única e exclusivamente escolhido por Deus.[44] Não era descendente de Saul, e a escolha foi feita praticamente somente por Deus. Até o grande profeta Samuel inicialmente não percebeu isso (cf. 1Sm 16,5-13). Aos olhos de todos (de Samuel e Jessé, pai de Davi) não era o mais adequado; tratava-se de um jovem pastor (o caçula dentre oito filhos), mas foi o maior rei que o povo da Bíblia conheceu.

---

guardando os meus estatutos e os meus mandamentos, como fez Davi, meu servo, eu serei contigo, e te edificarei uma casa estável, como edifiquei a Davi, e te darei Israel" (1Rs 11,38).

[41] Há três histórias preservadas nos textos da Bíblia para a escolha do rei Saul: secretamente (1Sm 9,1–10,8), por sorteio (1Sm 10,9-27) e por aclamação (1Sm 11,1-5).

[42] Vários foram os pecados do rei Saul para ter sido abandonado por Javé: usurpação do cargo de sacerdote (1Sm 13,7b-14), quebra do voto de jejum e de não comer sangue (1Sm 14,24-34), tomada dos despojos de guerras (1Sm 15,10-30) e a visita à necromante (1Sm 28,7-25).

[43] Os textos sagrados preservaram três narrações para o surgimento de Davi: por convite do próprio Saul (1Sm 17,1-11), em momento de combate (1Sm 17,12-54) e depois de vitória sobre os filisteus (1Sm 17,55-18,5).

[44] Também para a escolha de Davi, Deus deixa claro que quem ele escolhe não é nem da vontade de Samuel nem do pai de Davi (cf. 1Sm 16,1-13); em 1Rs 11,28-32, Jeroboão é confirmado por Javé e pelo profeta Aias como regente sobre as dez tribos, após a divisão do reino de Salomão.

O rei Saul não havia morrido ainda quando Davi começou a exercer poder sobre as tribos do Sul. Após a morte do monarca, conseguiu estender seu poder sobre as tribos do Norte. Graças às várias vitórias de Davi sobre inimigos que sempre atacaram as tribos, ele inspirou segurança em todas elas, as do Sul e as do Norte e, dessa forma, foi proclamado rei. Nasceu, assim, o *Reino de Israel*. (Cf. Anexo 2, mapa 4.)

O jovem rei não somente consegue congregar em torno de si todas as tribos, como ainda expande a área ocupada por elas, aumentando o território dos israelitas. Ele impõe sua influência e seu poder aos povos vizinhos, que passam a dever favores ou são submetidos ao reino de Israel. Davi estabelece um estado e um exército, trazendo paz e tranquilidade à nação de Israel. Como estratégia para melhor governar as duas confederações tribais (do Norte e do Sul), conquista a cidade de *Jerusalém* e a elege capital do seu reino. Pertencia aos jebuseus (cf. 2Sm 5,5ss); era uma cidade neutra e se localizava na divisa das duas confederações. Jerusalém passa a ser a grande referência, primeiro para o Povo de Deus, como *cidade de Davi,* e depois para os cristãos, como *Cidade Santa*.[45]

A sucessão de Davi foi disputada entre seus dois filhos Absalão e *Salomão*. O segundo foi o escolhido de acordo com a vontade do velho rei Davi e do profeta Natã (cf. 1Rs 1,11-40) e confirmado por Deus, que o desejava para rei de seu povo. O novo monarca herdou de seu pai um reino poderoso, estável em suas relações com outros povos e unido em torno da realeza, situação mais que favorável para se ampliar e expandir com acordos financeiros e novas alianças com outras nações. Salomão demonstrou ser um hábil estrategista no campo político e comercial, tornando Israel um país conhecido até em regiões estrangeiras.[46]

A monarquia foi um regime bom ou ruim para o Povo de Deus? A resposta ainda divide muitos estudiosos bíblicos. Observando os textos subsequentes a Davi e Salomão, bem como os discursos dos profetas e as menções sobre os reis de Israel ao longo da história do AT, há sempre uma

---

[45] É o grande sinal de um futuro que sonhamos sem guerras, sem violência e até sem morte; lugar da comunhão perfeita entre Deus e seu povo, conforme expressa a figura da *Nova Jerusalém* no Apocalipse (Ap 21,2ss).

[46] Para maiores informações sobre a formação e constituição da monarquia, conferir o volume 5 da Coleção Bíblia em Comunidade, *O alto preço da prosperidade*.

profunda crítica, não em relação à realeza em si, mas ao não cumprimento da missão inerente a ela, por parte dos reis de Israel. A instituição da realeza, apesar de originalmente não corresponder à vontade de Deus, depois de Davi passa a ser um sonho ou esperança nos momentos tristes da história do Povo de Deus: "Um dia teremos novamente um grande rei, como foi o rei Davi", diziam muitos.

É importante destacar ainda que o rei era *ungido* pelo profeta e depois pelos sacerdotes. A palavra *unção*, em hebraico *mishrah* (cf. Ex 29,7), tem um significado muito próximo ao da palavra *messias*. Assim, o messias que o povo passou a desejar era alguém *ungido* por Deus, não necessariamente um novo rei. O primeiro grande ungido de Israel foi Davi como rei; por isso o salvador *messias* deveria ser da linhagem de Davi. O rei Davi *ungido* passa a ser a esperança para o Povo de Deus, para que novamente reinasse.

Por outro lado, se inicialmente o povo precisou de uma liderança mais estável diante dos ataques dos inimigos, e isso levou os anciãos a pedirem um rei, alguns monarcas se revelaram mais danosos para o Povo de Deus que os seus próprios inimigos, como foi o caso do próprio rei Salomão e seus descendentes.

Deus acatou a vontade de seu povo e estabeleceu as condições para a realeza dar certo. O rei deveria ser o primeiro a dar exemplo e a governar tendo os mandamentos como norma para ele e seus súditos. Não foi a realeza que não deu certo porque Deus não a quisesse, mas a vida e a conduta dos reis é que foram reprovadas pelos profetas e pelo próprio Senhor. Segundo o Projeto do Pai, os reis tinham tudo para dar certo, mas por sua incompetência e sua ganância a realeza mostrou-se um grande erro.

Nem todos os reis que governaram depois de Davi foram tiranos e abandonaram a fé. Segundo a Bíblia, dois deles souberam honrar a unção que receberam: Ezequias (716 a.C.) e Josias (650 a.C.).

Sinal definitivo da presença de Deus: o Templo

Com a presença do rei, inicialmente o povo sentia-se protegido contra os inimigos, mas logo os monarcas se revelaram iguais a eles e muito distantes do tipo de rei que Deus queria (cf. 2Sm 7,5-18). Mas, com a subida do rei Salomão ao trono de Davi, aconteceu outro grande sinal de Deus que se incorporou na vida e na religião de Israel: *o Templo de Jerusalém*.[47] Segundo a Bíblia, construir uma casa para Deus é uma iniciativa humana, inicialmente rejeitada por ele mas depois assumida: "[...] o rei vive num palácio de Cedro cercado de todo o tipo de riqueza, e a Arca de Deus permanece numa tenda", disse Davi ao profeta Natã,[48] procurando argumentar que Deus, o maior soberano entre todos, deveria ter uma morada a sua altura.

Entre os povos vizinhos de Israel, a figura do rei normalmente estava associada às suas divindades. O rei era tido como um tipo diferente de sacerdote, às vezes presidia algumas cerimônias, em certos casos até era considerado um deus. O monarca normalmente tinha seu palácio perto do templo.[49] Este ficava nas mãos dos sacerdotes e de outros funcionários; o povo tinha acesso restrito aos lugares sagrados. Esse modelo de templo não estava de acordo com aquele que Deus imaginava para seu povo. Ele habitava em tendas e no meio da sua gente, facilitando a aproximação do povo e favorecendo suas orações. Por isso, Deus pressente o grande risco de o povo de Israel imitar outras nações, se permitir a construção de um templo. Do mesmo modo que os reis, também o Templo, posteriormente, se revelou um grande problema: além de favorecer divisões e desigualdades entre as pessoas, reis e sacerdotes acabaram usando-o para se enriquecer.

Mas foi no Templo, entre os sacerdotes e escribas organizados pelo rei Salomão, que a história já vivida pelo povo (desde a criação do mundo até Davi) passou a ser registrada. O costume se perpetuou, e os acontecimentos relacionados ao Povo de Deus continuaram sendo registrados, dando origem às nossas Bíblias. Se de um lado sabemos, pela história, que o Templo passou a ser instrumento de manipulação nas mãos de reis e sacerdotes, mesmo sendo morada de Deus, por outro lado a figura do Templo marcou os corações dos israelitas como o lugar da presença definitiva e permanente

---

[47] Segundo as Escrituras, Davi, por ter sido guerreiro, ter banhado suas mãos de sangue, não seria o mais digno para edificar um templo, por isso, seu filho Salomão é que o construiu (cf. 1Cr 28,3). O livro de Crônicas menciona que tudo foi pensado e planejado por Davi e executado por seu filho.

[48] O diálogo entre Deus e o profeta Natã confirma a vontade de Deus de permanecer fiel às origens, isto é, sempre esteve no meio do seu povo, habitando em tendas.

[49] O palácio do rei Salomão foi uma construção mais extensa e luxuosa e levou 13 anos (1Rs 7,1) e o Templo, mais simples, 7 anos (1Rs 6,3s). O Templo foi pré-fabricado longe de Jerusalém e montado no local, de forma que "não se ouviu nem martelo, nem picareta, nem qualquer outra ferramenta no Templo durante sua construção" (1Rs 6,7).

de Deus. Por isso, em toda a Bíblia, o Templo de Jerusalém é lembrado como a casa de Deus, inclusive pelo próprio Jesus, que o considera "casa de meu Pai" (cf. Lc 2,16; Jo 2,16).

Livros históricos I: Josué, Juízes, 1 Samuel e 2 Samuel

Nos cinco livros do Pentateuco temos a história do Povo de Deus, sua forma de explicar a origem do mundo, a origem do povo escolhido e seu resgate. Uma história que começa com a vida e a fé de várias pessoas e se prolonga até a formação de uma nação que, organizada no deserto, busca realizar seu sonho de alcançar a Terra Prometida, de acordo com a promessa feita por Deus. O Pentateuco termina com a passagem da liderança do Povo de Deus de Moisés para Josué.

O Projeto de uma terra para seu povo foi realizado por ambas as partes: de um lado, o povo, e de outro, Deus com seus representantes. A promessa se realizou: o povo se instalou na Terra Prometida por Deus e sonhada pela sua gente. Mas tal conquista não foi fácil.

Entre o fato acontecido na história (a posse da terra – 1200 a.C.) até ser registrado por escrito (durante o exílio da Babilônia – 586 a 538 a.C.), há uma grande distância de tempo. Como para os acontecimentos constitutivos da história do Povo de Deus que são encontrados no Pentateuco, também os fatos ocorridos durante a posse da Terra Prometida devem ter sido guardados pelas pessoas e passados de pai para filho, bem como celebrados nas festas principais do povo.

A história da instalação do povo em Canaã devia ter várias características e peculiaridades individuais, pois por um bom tempo cada tribo manteve certa autonomia e organização, mas todas conviviam sem conflitos, sentindo-se como irmãos, com uma mesma história e o mesmo Deus.

A história da ocupação de Canaã e da instalação das tribos foi escrita por discípulos e simpatizantes de um rei que governou o reino do Sul, em Judá: *Josias*. Ele realizou uma profunda reforma em seu tempo (650 a.C.) e depois, no exílio, discípulos seus escreveram a história da ocupação e também da monarquia em Israel.

Josias e as suas reformas

O nome *Josias* significa em hebraico *que Deus conceda*. Ele reinou em Judá (640 a 609 a.C.) e era filho e sucessor do rei Amon. Depois que seu pai Amon foi assassinado, Josias subiu ao trono com oito anos de idade (cf. 2Rs 21,23s).

A maioria dos reis de Israel mencionados na Bíblia foi uma decepção para o povo, principalmente quanto ao abandono dos princípios fundamentais: os Dez mandamentos e a Aliança com Deus. Mas no meio do povo, várias pessoas procuraram manter-se fiéis a esses princípios, e são identificados como "povo da terra", pois viviam longe da corte e de seus vícios. Tudo indica que foi essa gente piedosa que proclamou rei o menino Josias. Segundo os estudiosos, enquanto ele não pôde assumir definitivamente o governo, esses homens justos influenciaram nas decisões e no rumo do reino do Sul, bem como na formação do jovem rei Josias.

Em 2Rs 22–23 (paralelo com 2Cr 33–34), encontramos a reforma religiosa promovida por Josias; iniciou-se com a restauração do Templo como lugar sagrado, extirpando tudo o que fosse de outros cultos e divindades. Depois Josias promoveu uma profunda reforma religiosa em todo o território do antigo reino de Davi, destruindo santuários pagãos com seus cultos, bem como templos menores dedicados a Deus. Todos os sacerdotes foram convocados a exercer seus ofícios em Jerusalém. Assim, só eram válidos os cultos e sacrifícios realizados no único Templo da Cidade Santa.

A grande motivação para essa e outras reformas promovidas por Josias decorreu da descoberta de Helcias de um rolo do livro da Lei no depósito do Templo, durante sua limpeza (cf. 2Rs 22,8ss). Segundo os estudiosos, trata-se do conteúdo principal e original do livro do Deuteronômio. Motivado por este achado, tido como um sinal divino, Josias renovou a Aliança (cf. 2Rs 23,1-3; 2Cr 34,29-33) e celebrou a Páscoa conforme o livro da Lei (cf. 2Rs 23,21s).[50]

Toda essa reforma promovida por Josias é chamada de *Reforma Deuteronomista*. Foram os reformadores que escreveram, num período posterior e seguindo a inspiração do Deuteronômio, os livros de *Josué, Juízes, Samuel e Reis*. Todo esse conjunto de livros deuteronomista teve uma

---

[50] Em 2Cr 35,1-19, o autor cronista apresenta mais detalhes desses fatos.

primeira redação no tempo do rei Josias e a sua redação final durante o cativeiro da Babilônia.

No período da reforma de Josias, o rei de Judá encontrava-se sob o domínio dos Assírios, cujo império já dava sinais de declínio e fraqueza, pois sofreu derrotas significativas entre os anos 625 a 612 a.C. Dessa forma, a reforma promovida por Josias era uma verdadeira declaração de independência.

A reforma de Josias, que começou no campo religioso com ações sobre os santuários, como em Betel (cf. 2Rs 23,15), na Samaria e suas cidades (cf. 2Rs 23,18s) e em Meguido (cf. 2Rs 23,29), estendeu-se para o campo político. Josias tentou retomar o território do Norte, que estava totalmente subjugado pelos assírios. A ação de Josias chegou até a planície Esdrelon, ao Norte.

Mas o cenário internacional teve uma grande mudança com a presença dos babilônios e dos medos que, em 610 a.C., expulsaram o rei assírio da Mesopotâmia. O rei Necao do Egito, temendo uma investida dos babilônios, mobiliza-se para o pior; no meio estava o reino de Josias, que, não manifestando preferência nem pelos babilônios nem pelos egípcios, resolveu enfrentar o rei do Egito em Meguido,[51] onde, tudo indica, foi morto em batalha (cf. 2Rs 23,29 e 2Cr 35,20-27).

O conteúdo da história deuteronomista

A história do povo escolhido evidentemente não terminou com Moisés. O povo registrou também uma grande tradição centralizada em Josué, nos Juízes e na monarquia. Neste último período (monarquia), havia também os arquivos reais, com os escribas que passaram a registrar os feitos dos reis. Mas no período tribal as tradições eram isoladas, ou próprias de cada tribo, com suas histórias de heróis e guerras.

Os deuteronomistas (discípulos de Josias e simpatizantes da reforma promovida por ele) procuraram reunir esse material, dando-lhe certa sequência e unidade, resultando nos livros que encontramos logo depois

---

[51] Este passa a ser o lugar por excelência da derrota, mas, com o passar do tempo, torna-se o lugar da derrota dos inimigos de Deus, como dá a entender o Apocalipse quando usa este lugar para situar onde os inimigos de Deus vão se reunir e sofrer a derrota definitiva: "Harmagedon" (Ap 16,16), que significa "montanha de Meguido".

do Pentateuco. Apresentamos a seguir os primeiros escritos da escola deuteronomista.

O *livro de Josué* apresenta os fatos ligados à instalação do povo escolhido na Terra Prometida, e o *livro dos Juízes* expõe as várias histórias coletadas sobre os heróis (juízes), que eram convocados por Deus para resolver um problema, seja da tribo a que pertenciam ou de várias tribos. O *livro de Samuel* trata da situação e da organização das tribos depois de vários anos na Terra de Canaã; narra o final da atuação dos juízes, o início da monarquia com o primeiro rei, Saul (que não deu certo), e o surgimento e a coroação do grande rei Davi.

Esses livros da tradição deuteronomista foram redigidos num tempo posterior ao da maioria dos profetas. Estes tentaram reverter a situação de abandono da Aliança e dos compromissos inerentes a ela. Os profetas criticavam o presente e olhavam para o futuro, predizendo o que poderia acontecer (e que de fato sucedeu): a perda da terra e de tudo o que o povo conquistara com Deus. Os deuteronomistas fazem o contrário: olham para o passado, buscando apontar as conquistas e vitórias com Deus e as falhas e derrotas sem Deus.

O livro de Josué

O autor que dá nome ao livro, *Josué*,[52] era filho de Nun (cf. Ex 33,11; Nm 11,28; 13,8.16), da tribo de Efraim (cf. Nm 13,8). Tudo indica que fez a experiência da saída do Egito e esteve sempre do lado de Moisés; já aparece em Ex 17,8-16 lutando contra os amalecitas. Acompanhou Moisés ao monte Sinai (cf. Ex 24,13; 32,17), fez parte da expedição de reconhecimento da terra de Canaã (cf. Nm 13,8; 14,38). Josué, juntamente com Caleb, permaneceu firme na confiança em Deus. Por isso eles foram os únicos que, tendo saído do Egito, entraram na Terra Prometida (cf. Nm 14,30.38; 26,65; 32,12), o que foi negado até ao próprio Moisés. Segundo Nm 27,15-23, foi eleito por Deus para suceder a Moisés.

O livro de Josué procura mostrar a fidelidade de Deus em relação às suas promessas, que cumpre sempre. Fidelidade que o povo também deve manter, observando profundamente a Aliança com Deus (cf. Js 1,6-9; 23s).

---

[52] Josué em hebraico significa "Javé é salvação" (cf. Js 1,9).

O autor procura demonstrar como sucedeu a ocupação da Terra Canaã compondo o texto a partir de várias fontes que, certamente, obteve junto aos santuários e antigos representantes das tribos de Jacó. O livro mostra que tal feito não foi fácil e provavelmente, mesmo após a morte de Josué, a situação não estava ainda tranquila.

O Povo de Deus deve ter ocupado primeiro as montanhas por muito tempo, e somente depois de se organizarem e se unirem com outros grupos enfrentaram os cananeus nas planícies. Mas o texto apresenta todo o feito como se tivesse ocorrido em pouco tempo e com algumas conquistas. O povo que já morava nessa terra era organizado, militarmente mais forte e experiente que o Povo de Deus. O autor sagrado, no entanto, apresenta Josué como um chefe imbatível, de forma que toda a terra caiu em suas mãos, pois "Javé, Deus de Israel, combatia por Israel" (cf. Js 10,42; 11,23).

A conquista da terra[53] é o episódio e a prova de que, com Deus, o povo pode conseguir tudo o que desejar, basta cumprir sua parte vivendo os preceitos da Aliança de Deus. Deus prometeu ao seu povo, e Josué completou a obra que Moisés iniciou.

O livro pode ser dividido em três partes, após a introdução (1,1-18):

1. Ocupação da terra de Canaã: 2,1–12,24;

- entrada em Canaã: 2,1–5,12;
- tomada de Canaã: 5,13–12,24.

2. Distribuição da terra de Canaã: 13,1–22,34.

3. Renovação da Aliança com o Senhor: 23,1–24,33.

O livro termina com a solene assembleia de Siquém (cf. Js 23), onde todas as tribos se reúnem e selam um pacto de união, constituindo uma grande confederação das tribos. Dessa forma sentem-se como um único povo, apesar de cada tribo ocupar lugares bem definidos na Terra Prometida.

---

[53] A conquista da terra, que se deu com Josué, não foi algo simples e tranquilo. Muitas batalhas foram cruentas e a atitude do Povo de Deus não foi – em muitos casos – diferente da de outros povos tiranos: homens, mulheres e crianças eram despojados de seus bens, reduzidos à escravidão ou mesmo passados ao fio da espada. Era o uso do "herém" (anátema): Js 6,17-19.21.24.26; 7,20-26; 8,24-28; 10,28-42; 11,11s.21s. O próprio Deuteronômio já transmitira a ordem para assim proceder "a fim de que não vos ensinem a imitar todas as abominações que eles cometem para com os seus deuses e não pequeis contra o Senhor vosso Deus" (Dt 20,16-18; 7,2-4).

O livro dos Juízes

Josué morre e não deixa sucessor. As doze tribos tinham se instalado e dispersado por toda a região, mas não possuíam uma liderança forte e central como foi com Josué. E sem tal figura principal, a situação se revelou crítica.

Sem um modelo de liderança que cobrasse das pessoas a fidelidade ao Deus verdadeiro, o povo começou a se deixar influenciar pelas religiões dos cananeus. Baal, Asserá e Astarte eram suas principais divindades, ligadas à fecundidade da terra, com rito e celebrações atraentes. Os livros dos Juízes e dos Reis mostram que, aos poucos, o Povo de Deus começou a cultuar tais divindades nas colinas, junto aos rios, conforme o costume dos cananeus (cf. Jz 6,25.31; 8,33; 9,4): "Fizeram os filhos de Israel o que é mau aos olhos de Deus servindo aos Baals" (Jz 2,10s).

Por outro lado, após se instalarem e organizarem como um pequeno país, as tribos passaram a sofrer com as invasões dos povos e grupos vizinhos, interessados naquilo que o Povo de Deus havia conquistado. Foi nesse momento que a liderança de Josué deve ter sido mais sentida.

Mas Deus resolveu o problema suscitando *juízes* no meio do povo. Eram uma espécie de guerreiro ou herói, com uma vocação específica, chamados para resolver um problema determinado. Dotados de força, mas também de carismas especiais dados por Deus, empreendiam batalhas para libertar uma ou mais tribos ou atuavam como defensores diante de situações específicas. Saíam do meio das tribos e eram revestidos com a força que vinha de Deus; por isso praticamente eram imbatíveis.

O nome *juízes* está mais ligado à função que alguns empreenderam de julgar litígios e contendas entre as pessoas. Assim, junto com a força para a guerra que alguns possuíam, também eram revestidos da sabedoria que vem de Deus. Os juízes, homens e mulheres, atuaram normalmente numa determinada tribo, ou entre algumas tribos; somente Eli e Samuel tiveram autoridade praticamente sobre todas as tribos.

No livro em estudo, encontramos os feitos e façanhas de doze juízes. Destes, seis são tidos como *maiores*, dos quais se tem mais informação sobre suas atuações: Otoniel (da tribo de Judá), Aod (Benjamin), Barac (Neftali), Gedeão (Manasses), Jefté (Gad), Sansão (Dã). Os outros seis são chamados de *menores;* pouco se sabe da atuação deles: Samgar (Simeão), Tola (Issacar), Jair (Galaad), Abesã (Aser), Elon (Zabulon) e Abdon (Efraim).

Cada tribo, possivelmente, possuía histórias de seus heróis e juízes. Em momentos específicos, como nas festas, eram contadas e partilhadas, tornando-se, de certa forma, conhecidas por todos.

A parte principal do livro (cf. Jz 3,7–16,31) apresenta os feitos de vários juízes que atuaram em suas tribos. O deuteronomista procura apresentar a sua posição e ponto de vista sobre tais feitos, mostrando que quando o povo era infiel à Aliança com Deus este o entregava aos estrangeiros e inimigos; quando o povo se arrependia e invocava a Deus, ele suscitava os juízes como salvadores. Uma situação que se repetiu várias vezes: infidelidade e abandono de Deus = guerras e desgraças; arrependimento e conversão a Deus = juízes e tranquilidade.

O livro pode ser dividido da seguinte forma:

1. Introdução (os filhos de Israel não expulsaram os cananeus): 1,1–3,6.
2. Corpo do livro: história dos doze juízes: 3,7–16,31.

Dois apêndices:

- a idolatria de Dã (17,1–18,31);
- a luxúria dos benjamitas (19,1–21,24).

O livro de Samuel

Em nossas Bíblias encontramos dois livros de Samuel; já na Bíblia hebraica constituem um só com nome de *Livro de Samuel.* O único livro de Samuel foi desmembrado em dois por ocasião da tradução para o grego[54] (no ano 300 a.C.). Os livros de Samuel continuam a história dos juízes, mas atendo-se aos últimos: Eli e Samuel. O fato mais marcante é a forte presença dos filisteus, assinalada no tempo desses juízes.

Tudo indica que, nesse tempo, o Povo de Deus já constituía uma espécie de nação dividida em vários estados autônomos. Como em muitos países, certas regiões ou tribos, ao longo de muitos anos, constituíram um bom

---

[54] Em algumas Bíblias mais antigas podem aparecer estes livros como 1 e 2 Reis, seguindo a sugestão de São Jerônimo, que assim dividiu a sua Bíblia na Vulgata Latina.

patrimônio e estabilidade social e financeira, despertando cada vez mais a cobiça dos vizinhos e particularmente dos filisteus.

A forma de organização das tribos sem um poder forte e central que as congregasse definitivamente, portanto sem condições de enfrentar os inimigos, cada vez mais fortes, parece que era já algo inevitável. Já no livro dos Juízes aparece o seguinte lembrete: "Naqueles dias não havia rei em Israel e cada um fazia o que bem lhe parecia" (cf. 17,6; 18,1; 19,1; 21,25).

O povo de Israel, procurando imitar os outros povos, solicitou a Samuel (sacerdote, tido como profeta) que constituísse sobre eles um rei (cf. 1Sm 8,6). O desejo de ter um rei, isto é, alguém que concentrasse em suas mãos o poder de reunir todos e formar um exército forte, surge com mais intensidade depois da derrota de Afec, infligida pelos filisteus (cf. 1Sm 4,1-11). Samuel demonstrou total aversão a essa ideia e insistiu na consequência que os "direitos do rei" teria sobre tudo e todos. Mas nada fez o povo, que tinha os anciãos por representantes, mudar de ideia. *Saul* (da tribo de Benjamin) foi o primeiro rei escolhido e ungido por Samuel; começou a atuar à frente do Povo de Deus em 1030 a.C. Mas não deu certo como rei e facilmente foi rejeitado pelo povo, por Samuel e, por fim, por Deus (cf. 1Sm 13,8-15; 15,10-23). *Davi* (da tribo de Judá) sucedeu a Saul e continuou as guerras contra os inimigos do Povo de Deus, principalmente os filisteus. Com Davi tudo deu certo; venceu todos os inimigos, conquistou Jerusalém dos jebuseus e a tornou capital do seu reino.

Os dois livros de Samuel nos apresentam, pelo menos, duas tradições sobre o começo da monarquia. De um lado, há textos que atestam a forte rejeição de Samuel e de Deus pelo pedido do povo de ter um rei, mostrando a "tristeza" de Deus pela sua rejeição: o povo queria outro poder, nesse caso o de um rei (tradição antimonarquista – 1Sm 8; 10,17-25; 12). Samuel e Deus inicialmente reagem contra, mas cumprem a vontade do povo. Tal ideia demonstra que, se os reis não deram certo, a culpa não é de Deus, que tentou alertar a todos.

De outro lado, existem textos que demonstram que Deus, mesmo rejeitando a proposta de um rei para governar seu povo, intervém em todo o processo da escolha dos reis Saul e Davi, e que a escolha, praticamente, foi exclusivamente feita por Deus (tradição monarquista – 1Sm 9,1-16; 11).

Os dois livros de Samuel podem ser distribuídos em três partes:
1. Samuel é juiz: 1Sm 1,1–7,17.
2. Saul é rei: 1Sm 8,1–15,35.

- A escolha de Saul: 1Sm 8,1–12,25.
- A rejeição de Saul: 13,1–15,35.

3. Davi é rei: 1Sm 16,1–2Sm 24,25.

- Saul e Davi: 1Sm 16,1–31,13.
- A glória do rei Davi: 2Sm 1,1–8,18. – Crônica da família de Davi: 2Sm 9,1–20,26.
- Apêndices referentes a Davi: 2Sm 21,1–24,25.

Conclusão da primeira parte

O Projeto de Deus Pai para o seu povo no AT teve diversos momentos, partindo de uma realidade difícil em que o povo se encontrava no Egito, sem nenhum direito nem dignidade, até o momento em que se consolidou como um país igual a qualquer outro, com um rei, um exército e um Templo. O Projeto inicial do Pai era estabelecer seu povo na Terra Prometida, o que os juízes conseguiram realizar parcialmente. Mas conforme o tempo foi passando, foi necessário constituir sobre o povo um poder estável, permanente, com um exército mas bem preparado para defender Israel. Assim, surgem os reis (Saul e Davi) e com eles uma capital (Jerusalém); por fim, com Salomão, o Templo e as Escrituras.

Até aqui a história do Projeto do Pai teve alguns momentos de declínio e dificuldades, mas mesmo assim Deus ajudou Israel a ser um povo como os outros povos. Os pontos elencados no nosso gráfico, como constitutivos do Povo de Deus, serão abandonados progressivamente pelo povo ou perdidos. Infelizmente, os reis foram os que mais contribuíram para o declínio e até a perda da terra dada por Deus.

Segunda Parte

DOS REIS DE ISRAEL AO EXÍLIO DA BABILÔNIA

O reino de Salomão foi o ponto máximo que a nação de Israel conheceu. Ele conseguiu estender sua influência até outros países, bem como estabelecer uma estrutura de realeza nos moldes de outros povos. Foi então que tudo começou a dar errado para o Povo de Deus.

Davi lutou para consolidar um país, derrotando os inimigos de Israel; Salomão herdou um país respeitado e temido pelos povos vizinhos.[1] Para manter seu reino, a luxúria dos palácios e a estrutura do Templo, Salomão instituiu vários impostos e taxas para o povo pagar, imitando outros povos.[2] Os impostos se tornaram um peso insuportável para o povo, chegando à absurda soma de 666 talentos de ouro por ano[3] (cf. 1Rs 10,14; 2Cr 9,13).

Ademais, o rei devia providenciar segurança e tranquilidade para seu povo, através principalmente de um exército forte e bem equipado, e para isso foram requisitados homens para servir à nação. Em pouco tempo o povo experimentou o amargo preço de manter a realeza, seus palácios, o Templo e o exército. As palavras de temor do profeta Samuel, por ocasião do pedido dos anciãos das tribos para que se constituísse um rei para Israel, começaram a se realizar (cf. 1Sm 8,11-22).

---

[1] Davi vence vários povos vizinhos que passam a ser submissos a Israel e a pagar tributos: Edom, Moab, Amon, Aram e Aram-Soba, reinos da Filisteia (1Cr 20,4), Gessur (2Sm 3,3; 13,37), Emat (2Sm 8,9-10) e Tiro (2Sm 5,11).

[2] Mais detalhes sobre os impostos cobrados pelo rei Salomão, conferir o volume 6 da Coleção Bíblia em Comunidade, *Em busca de vida, o povo muda a história*.

[3] Interessante a observação do escritor sagrado em relação à soma em ouro: 666 talentos. Tal número é muito conhecido no Apocalipse (13,17-18), em que o autor menciona estar ligado a uma dominação demoníaca humana que imporá seu poder sobre todos, controlando o poder das pessoas de comprar e vender. Pode-se pensar, a partir desse dado do Apocalipse, que tal número 666 teria passado para a história do Povo de Deus como símbolo da dominação financeira e da opressão tirana do soberano sobre o povo.

Divisão do reino de Davi

A estrutura criada por Salomão chegou ao extremo quando ele começou a impor impostos ao povo. Tudo indica que a região do Norte, por ter uma situação financeira melhor do que a do Sul, foi mais visada por Salomão, que chegou a recrutar "trinta mil operários em todo o Israel" para trabalhar como escravos em suas construções (cf. 1Rs 5,27; 11,26). A situação chegou ao extremo quando vinte cidades do Norte foram dadas em forma de pagamento ao rei Hiran de Tiro, pela madeira fornecida para a construção do Templo e do palácio real. De um momento para o outro, o povo tornou-se "moeda de troca" e pagamento pelas extravagâncias do rei.

Sufocados pelos impostos, as tribos do Norte, as maiores vítimas da estrutura real, organizaram-se e, tendo Jeroboão como líder (colocado pelo próprio Salomão para administrar o Norte), foram até o sucessor de Salomão, Roboão, e pediram um alívio da opressão imposta pelo seu pai (cf. 1Rs 12,1ss). O novo regente, seguindo a cabeça dos mais jovens, não só não atendeu seus pedidos, mas também ameaçou piorar ainda mais sua situação.[4]

O resultado foi a divisão do reino criado por Davi em dois países. O Norte ficou com dez tribos (das doze tribos da antiga confederação) e passou a ser governada por *Jeroboão*, conclamado rei do então chamado reino de *Israel*.[5] O Sul, com apenas duas tribos, permaneceu fiel à dinastia davídica, tendo como rei *Roboão* e como capital Jerusalém, passando-se a chamar reino de *Judá*.[6] O próprio texto bíblico em 1Rs 12,19 diz: "Israel se mantém rebelado contra a casa de Davi, até o dia de hoje".[7] (Cf. Anexo 2, mapa 5.)

---

[4] Disse Roboão a Jeroboão e às tribos do Norte: "E os jovens que haviam crescido com ele lhe disseram: Assim falarás a este povo que disse: Teu pai fez pesado o nosso jugo, mas tu o alivia de sobre nós; assim lhe falarás: Meu dedo mínimo é mais grosso do que os lombos de meu pai. Assim que, se meu pai vos impôs jugo pesado, eu ainda vo-lo aumentarei; meu pai vos castigou com açoites, porém eu vos castigarei com escorpiões" (1Rs 12,10-11).

[5] Maiores informações e detalhes desse reino, consultar o volume 6 da Coleção Bíblia em Comunidade, *Em busca de vida, o povo muda a história*.

[6] Sobre o reino de Judá, consultar o volume 7 da Coleção Bíblia em Comunidade, *Entre a fé e a fraqueza*.

[7] Descendência de Davi ou das tribos do sul: essa questão será sempre lembrada e utilizada para definir quem é que pertence ao Povo de Deus. No período de reorganização do povo

O Projeto de um povo unido e de uma nação que segue somente a Deus teve um golpe decisivo. Os próprios irmãos tornaram-se estranhos entre si e, em alguns casos, até inimigos. O poder de um monarca soberbo e prepotente dividiu a nação organizada e abençoada por Deus.

A partir desse momento, duas histórias começam a ser registradas no meio do Povo de Deus: a do reino do Norte e a do reino do Sul. Duas capitais (Jerusalém no Sul e Samaria no Norte), duas tradições (Javista no Sul e Eloísta no Norte), duas dinastias diferentes. Se os israelitas, não obstante, continuam na mesma terra dada por Deus, já não se consideram um único povo. Apesar de tudo, o Senhor continua sendo o Deus de todos, bem como suas leis são respeitadas pelos dois reinos, e Deus é cultuado em seus santuários.

A disputa e a rivalidade entre estas duas nações regidas pela fé em Deus se estenderão por toda a Bíblia. Os autores sagrados procuraram mostrar que, apesar de tudo, os descendentes das duas tribos do Sul é que permaneceram os verdadeiros descendentes do Povo de Deus.

Desvios e pecados dos reis

Quando os anciãos pediram a Samuel que instituísse sobre o Povo de Deus um rei, Deus e o profeta temiam que ele fosse igual ou pior que os outros reis. De fato, a história mostrou que os reis do Povo de Deus não só deixaram de cumprir a missão assumida, como ainda levaram o povo a pecar.

Os reis deveriam dar o exemplo, zelar pelo cumprimento dos compromissos do povo para com Deus. Diz o nosso povo que quando o primeiro botão de uma camisa é colocado no lugar errado, os demais também o são. O rei deveria ser um exemplo para ser seguido e imitado; se anda pelo caminho certo, segundo os mandamentos de Deus, o povo o segue; mas se ele erra o caminho, arrasta muitos com ele.

A Bíblia nos conta os acertos dos reis e não esconde os seus pecados. O próprio Davi cometeu alguns erros (encantou-se por uma mulher e deu um jeito de o marido dela morrer em batalha; promoveu recenseamento do

---

(pós-exílio), somente aqueles que conseguiram provar sua ligação com as tribos do sul, sem ter antepassados casados com estrangeiras, é que podiam ocupar a cidade de Jerusalém.

povo para cobrar impostos). Salomão, apesar de receber muitos elogios, cometeu pecados maiores. O descendente de Davi, uma vez no poder, procurou estender seu território e estabelecer acordos com os reis vizinhos; para isso, contraiu diversos matrimônios com filhas desses povos estrangeiros. Salomão chegou a ter muitas mulheres, princesas e concubinas, que acabaram por desviar o coração do rei, principalmente levando-o a adorar outros deuses.[8] Passou a cobrar pesados impostos para a manutenção dos palácios e do Templo.

Os reis que sucederam a Salomão – seu filho Roboão (no Sul) e Jeroboão que se rebelou e criou um estado independente ao Norte – também não foram fiéis aos seus compromissos.

Os escritos sagrados de 1Rs e 2Rs dão uma atenção especial aos pecados graves cometidos pelo reis do Sul e, com mais detalhes ainda, pelos reis do Norte. Os descendentes de Jeroboão conduziram, pouco a pouco, o reino de Israel à ruína total.

Israel (reino do Norte) existiu por 209 anos, tendo vinte reis até o momento em que foi apagado do mapa da região.[9] Jeroboão (931 a 910 a.C.), o primeiro rei de Israel, teve um início nobre e foi até apoiado pelo profeta Aias para se posicionar contra a opressão dos impostos dos reis de Jerusalém, mas logo abandonou a Deus, dando espaço para a idolatria no país. Após a separação em dois reinos, Jeroboão passou a residir em Siquém (cf. 1Rs 12,25);[10] criou dois santuários: Betel (na divisa com Judá) e Dã (ao Norte), para competir com o santuário de Jerusalém (cf. 1Rs 12,26-27). Nesses templos instituiu, como representatividade de Deus, bezerros de ouro (já que em Jerusalém havia a Arca sagrada da Aliança). Para servir nos santuários, Jeroboão escolheu, entre o povo, sacerdotes tidos pelos escritores sagrados como ilegítimos, pois não eram da linhagem de Levi.

---

[8] 1Rs 11,1-3 nos diz: "Além da filha de Faraó, amou Salomão muitas mulheres estrangeiras: moabitas, amonitas, edomitas, sidônias e heteias, mulheres das nações de que havia o Senhor dito aos filhos de Israel: Não caseis com elas, nem casem elas convosco, pois vos perverteriam o coração, para seguirdes os seus deuses. A estas se apegou Salomão pelo amor. Tinha setecentas mulheres princesas e trezentas concubinas; e suas mulheres lhe perverteram o coração".

[9] Conferir ainda o volume 6 da Coleção Bíblia em Comunidade, *Em busca de vida, o povo muda a história*.

[10] O rei Amri (885 a 874 a.C.) é quem funda e constitui definitivamente Samaria como capital do reino do Norte (cf. 1Rs 16,22).

Acab, outro rei de Israel (874 a 853 a.C.), ambicioso e sem escrúpulos, introduziu oficialmente no país o culto a Baal (nome de uma divindade estrangeira), ao se casar com Jezabel. Ela desencadeou uma perseguição aos profetas de Deus – nesse tempo atuava o profeta Elias. Acab chegou ao ponto de se envolver na morte de um camponês para tomar posse de sua vinha (cf. 1Rs 21,1ss). Por fim, morreu de uma forma nada digna para um rei (cf. 2Rs 22,28-38). Com Jeú (841 a 814 a.C.), derrotado em guerras com Damasco (país vizinho ao norte de Israel), começou a sentir o assédio do grande império assírio; teve de pagar impostos a esse rei, tornando Israel vassalo da Assíria. Jeroboão II conseguiu estabelecer um estado mais estável e rico, mas essa riqueza não era justa nem igualitária. Os últimos reis do reino do Norte não foram diferentes em sua tirania e injustiças, cada vez mais distantes dos princípios da fé judaica e fortemente envolvidos em tramas econômicas e estratégias mal planejadas (seu reino acabou se tornando um vassalo da Assíria). Definitivamente desfiguraram a nação de Israel. O povo perdeu a sua identidade original de Povo de Deus, e Israel tornou-se um país estranho até para seu Deus.

Como se pode ver, vários sinais que constituíam o Povo de Deus foram abalados: com dois reinos em vez de uma única nação, duas capitais, vários templos, vários cultos (com sacerdotes que não eram da linhagem escolhida por Javé) e várias divindades competindo com Javé.

Ao Sul, os reis de Judá não foram muito diferentes dos *irmãos separados* do Norte.[11] A grande maioria deles não somente foi infiel aos seus compromissos como rei do Povo de Deus, mas também muitos se envolveram em tramas políticas visando ao poder.

Para esses reis do Norte e do Sul, os autores da Sagrada Escritura repetem o mesmo refrão: "Fizeram o que é mau aos olhos do Senhor". Praticamente os mesmos erros cometidos no Norte foram repetidos no Sul e, em alguns casos, até piores. Seus reis deixaram gradativamente os preceitos e compromissos assumidos no início da monarquia, e imperaram no Sul as injustiças sociais, o paganismo no meio do povo e até no lugar mais sagrado e santo para o povo: o Templo de Jerusalém. Em Judá, como em

---

[11] Sobre a história do reino de Israel, consultar o volume 7 da Coleção Bíblia em Comunidade, *Entre a fé e a fraqueza*.

Israel, quase todos os reis ocasionaram decadência em todos os setores da sociedade.

Os escritores sagrados foram sinceros e abertos ao mostrar que um poder, mesmo tendo sua origem em Deus e ainda que tenha tantos sinais de grandeza e da presença divina (como o templo, os sacrifícios e a cidade de Jerusalém), não se sustenta se os reis e o povo não cumprirem os mandamentos e as obrigações inerentes à Aliança estabelecida com Deus.

Mas na triste história dos reis do Sul, apesar de se repetirem quase os mesmos erros e pecados dos reis do Norte, a Bíblia apresenta dois que se destacaram positivamente.

Ezequias (716 a 687 a.C.), do reino do Sul, foi o primeiro rei a romper com uma geração de monarcas injustos e deprimentes, em relação à religião e aos mandamentos de Deus. Começou uma reforma religiosa combatendo os cultos cananeus (cf. 2Rs 18,4), promoveu a purificação do Templo, retirou dele todos os objetos e imagens dos deuses pagãos (cf. 2Cr 29,16). Para retomar o culto ao verdadeiro Deus, realizou uma celebração de expiação pelos pecados (cf. 2Cr 29,20-28), resgatou a celebração da Páscoa já esquecida (cf. 2Cr 30,1-14), selecionou os sacerdotes conforme a ordem de Salomão (cf. 2Cro 31,2-21). Um novo tempo parecia se anunciar para o povo que tinha permanecido fiel aos compromissos estabelecidos com seu Deus. Mas durou pouco, pois seu filho Manassés, que herdou o trono do reino de Judá, retomou todos os erros dos reis anteriores, chegando ao extremo de colocar imagens dos deuses pagãos dentro do templo.

Nem tudo parecia perdido para a história dos reis de Judá. Uma nova esperança se acendeu quando assumiu ao poder o rei *Josias* (640 a 609 a.C.). Conforme a Bíblia nos diz, parece que o povo que permaneceu fiel a Deus foi o responsável pela subida dele ao poder, pois tinha somente oito anos de idade. Como o menino rei não podia governar ainda, o país ficou nas mãos de pessoas que estavam distantes dos "vícios reais" e, assim, tentou-se resgatar o que fora perdido pelos outros monarcas. Quando definitivamente o rei Josias pôde governar, promoveu profundas reformas nos dois principais poderes: político e religioso. Centralizou-os na capital, Jerusalém; para tanto, mandou destruir todos os templos espalhados por Judá e pelo antigo estado de Israel, mesmo os templos dedicados a Deus (corrompidos pelos cultos pagãos). Todos os sacerdotes tiveram de morar em Jerusalém, e somente no Templo foram permitidos sacrifícios com animais, conforme os mandamentos e normas da Lei de Deus. Um único rei e uma religião unificada e controlada, esta foi a base da grande reforma promovida por Josias, que encontrou inspiração num "rolo da Lei" achado no Templo por ocasião de sua a reforma e purificação (cf. 2Rs 21,4-6; 22,4-6). Josias conseguiu restabelecer a ordem e a religião; novos ares de um novo tempo pareciam soprar sobre o Povo de Deus, que mantinha viva a esperança do surgimento de um rei como o grande rei Davi.

Mas Babilônia ameaçava os povos vizinhos depois de ter conquistado o império assírio. O faraó Necao (o Egito encontra-se ao sul da Terra Santa), para impedir o avanço dos babilônicos que vinham pelo norte, saiu em combate. Josias procurou impedir a passagem do faraó por seu país, morrendo heroicamente em combate contra os egípcios no ano de 609 a.C.

Abandono de Deus e dos mandamentos

Conforme foram se sucedendo no poder, os reis do Norte e do Sul esqueceram-se rapidamente dos compromissos para com Deus. Sem ele, o povo não era nada diante das nações vizinhas. A história contada e recordada nas celebrações religiosas mostrava ao povo o grande poder de Deus frente às outras nações e a seus reis. Deus havia colocado seu povo da Terra Prometida – contava-se com satisfação, mas se esquecia do compromisso da Aliança estabelecida por Deus com seu povo. Ao abandoná-lo, o povo e os reis tornavam-se vulneráveis, entregues à própria sorte e sem proteção.

A *idolatria* foi um dos pontos mais alertados por Deus quando preparou seu povo para entrar na Terra Prometida. Em Canaã cultuavam-se outras divindades; por isso, desde o início da ocupação da terra dada por Deus a seu povo, este foi alertado sobre a sedução e o encanto que tais divindades e seus cultos ofereciam.

Os reis de Israel e de Judá foram seduzidos por outros deuses e serviram a eles. Tudo parece ter começado com Salomão e suas centenas de mulheres, muitas estrangeiras; já idoso teria se deixado perverter por elas, que o arrastaram para o culto de deuses estrangeiros (cf. 1Rs 11,4). Jeroboão, primeiro rei do Norte, chegou a reintroduzir o culto ao bezerro de ouro em seus santuários (cf. 1Rs 12,26-30), tipo de idolatria que já no deserto tinha despertado a ira de Deus (cf. Ex 32,7-10).

No Sul, em Judá, alguns reis até incentivaram a idolatria (cf. 2Rs 11,18; 21,2); o primeiro deles, Roboão, oficializou o culto ao ídolo Aserah (cf. 1Rs 14,23), Ezequias (716 a 687 a.C.) quase conseguiu extirpar o culto a essa divindade, mas seu filho e sucessor Manassés (687 a 642 a.C.) a recolocou no Templo (cf. 2Rs 21,7). Foi um dos mais violentos reis que Judá conheceu. Dele se diz: "Manassés derramou também sangue de inocentes em quantidade tão grande, que inundou Jerusalém de um lado a outro" (2Rs 21,16).

Os textos sagrados nos dizem que muitos reis não somente abandonaram Deus e os seus preceitos, como também não combateram a idolatria e até instituíram cultos a deuses; os mais citados são Baal, Astarote e Aserah.[12]

Apesar de Israel e Judá terem muitos pontos negativos comuns, o reino do Sul se sentiu mais privilegiado, pois ficou com as instituições consagradas por Deus como sinal da sua presença no meio do seu povo: a dinastia davídica, o Templo e a cidade de Jerusalém. No entanto, uma vez que o rei detinha o poder absoluto em suas mãos, e o Templo era mantido pelos impostos, a religião tornou-se um mero instrumento para ele impor suas vontades e seus caprichos.

A religião, criada inicialmente por Deus para o seu povo, estava pautada principalmente numa ética e em princípios sociais. Quando ainda não havia as instituições que apareceram posteriormente – o rei e o Templo –,

---

[12] *Baal* e *Astarote* eram divindades cultuadas pelos povos da terra de Canaã e combatidas já nos tempos dos juízes (cf. Jz 2,13; 6,2ss). O Povo de Deus, várias vezes, se deixou seduzir por essas divindades (cf. Jz 2,11.17ss). O rei Acab, do reino do Norte, desposou Jezabel e esta implantou definitivamente o culto a Baal entre os israelitas (cf. 1Rs 16,30ss). Já a imagem da divindade *Aserah* (traduzido por "poste sagrado" ou "poste-ídolo") era colocada sobre um poste e cultuada pelos seus adoradores. O combate a essa divindade pagã já se encontra no Deuteronômio 16,21 (Deus previne seu povo sobre esse culto); esteve também presente no tempo dos reis (cf. 2Rs 18,4) e denunciada pelos profetas (cf. Jr 7,17s). No reino ao norte da Terra Santa, Ugarit, Baal é mencionado como filho da deusa Aserah. Em algumas escavações arqueológicas foram encontradas inscrições mencionando "aserah esposa de Javé". Em Tel Arad foram encontrados, num templo israelita, dois altares, um para Javé Deus e outro menor, o que tudo indica ser para sua Aserah. O culto dessas divindades pagãs estava, normalmente, voltado para a fertilidade, seja da terra como do rebanho; por isso surge também a "prostituição sagrada" junto a esses templos (cf. 1Rs 14,24; 15,12; 22,47).

a relação de fidelidade entre Deus e seu povo passava pela família e pelo convívio social. Era uma religião em que o principal meio de cultuar a Deus estava na prática rigorosa dos mandamentos, que asseguravam os direitos e deveres do fiel para com seu Deus. Influenciados por cultos pagãos que possuíam outros valores, princípios e uma ética diferente daquela prescrita nos Dez Mandamentos, os reis condicionaram a religião oficial aos seus caprichos.

Os mandamentos não somente salvaguardavam os direitos e deveres entre Deus e seu povo, mas também os dos fiéis entre si, levando-os a preservar e a respeitar tudo o que era importante para as pessoas: Deus, em primeiro lugar, e também seu nome e seu culto, os pais, os bens, a família, a sinceridade e a vida. "Dar as costas" a esses princípios era dar espaço para todos os pecados e erros que brotam no seio familiar e até na sociedade.

Profunda crise social

Os reis de Israel e de Judá, contaminados pelos cultos de outras religiões, tornaram-se iguais aos monarcas vizinhos. A ganância começou a imperar em todos os setores. O povo simples, como nos dias de hoje, é sempre a maior vítima, e paga por todos os erros e caprichos dos seus dirigentes.

No período da monarquia dividida em dois reinos, a injustiça e a exploração sufocaram muito mais o povo. As pessoas tornaram-se, em alguns casos, quase escravas, "moeda de troca" entre os reis de Israel e Judá e os reis estrangeiros. A principal forma de exploração institucionalizada foram os impostos, pois os reis precisavam manter o luxo e a riqueza dos palácios e templos.

Há uma profunda ligação entre o abandono dos princípios das leis judaicas, a idolatria e as injustiças sociais. Os reis foram aceitos e abençoados por Deus para ajudar o povo a viver e praticar valores religiosos. Um rei como pastor que zela por suas ovelhas, protegendo-as. Davi teria sido esse rei que lutou à frente da sua gente. Com o passar do tempo, os reis abandonaram os principais preceitos religiosos, deixando-se contaminar pela mentalidade de outros povos e religiões. Por isso, com a idolatria (abandono de Deus e adesão a outros cultos prestados a ídolos), a situação do povo piorou, pois o que esses reis buscavam era o bem-estar e o poder a todo custo.

Justifica-se, então, o surgimento dos *profetas,* que são os porta-vozes de Deus e do povo contra os abusos dos reis. Denunciam não somente os desvios dos reis e sua corte em relação aos mandamentos de Deus, suas práticas religiosas pagãs, mas principalmente as injustiças sociais. Para o Povo de Deus, a religião e a justiça andam de "mãos dadas". Quando se abandonam os princípios da fé, quase sempre a história termina em injustiças sociais.

Queda do reino do Norte

Os reis do Norte e do Sul, deixando-se influenciar pelos reinos vizinhos e abandonando os preceitos e as pessoas ligados ao Senhor Deus, conduziram o antigo reino de Davi à ruína total.

A catástrofe atingiu primeiramente o reino do Norte. Além dos pecados já lembrados, criando outros pontos referenciais para sua fé (outros templos, sacerdotes e cultos), os reis de Israel perderam-se em estratégias e manobras militares que cada vez mais agravaram a situação do reino. O último rei do Norte, Oseias (não o profeta) – que reinou de 732 a 724 a.C.–, conseguiu certa estabilidade para o país, o que logo atraiu os interesses da Assíria, que começava a despontar no cenário internacional. (Cf. Anexo 2, mapa 6.)

Para não invadir o reino do Norte, os assírios exigiram de Israel pagamento de tributos. Oseias aceitou aparentemente, tornando o reino e seu povo vassalos dos assírios. Mas secretamente fez aliança com o Egito (inimigos dos assírios), buscando apoio e proteção. A estratégia foi descoberta pelo rei assírio Salmanasar, que ordenou a destruição da cidade de Samaria, a deportação da população e o repovoamento com povos pagãos também conquistados pelos assírios[13] (cf. 2Rs 15,30; 17,1-6). A nação de Israel deixou de existir em 721 a.C.; o povo foi deportado para terras estrangeiras e, em seu lugar, outros povos foram trazidos para a região.

Foram 209 anos de existência de Israel desde a divisão do reino até a invasão dos assírios, período suficiente para formar uma identidade própria e

---

[13] Esta era a estratégia dos assírios para evitar levantes e revoltas, pois os novos ocupantes teriam que, primeiro, se organizar e se armar para tentar algo; ademais eles não teriam tanto motivo para uma revolta por estarem numa terra com a qual não tinham muito vínculo.

independente dos pontos constitutivos do Povo de Deus (dinastia davídica, Templo e Jerusalém). Pode-se afirmar que aqueles que permaneceram fiéis ao Senhor construíram uma tradição própria referente à fé em Deus. Com a invasão dos assírios, muitos foram levados para outros países e não se sabe mais nada deles na história do AT. Outros permaneceram na terra sob o jugo dos assírios, dividindo espaço com estrangeiros e suas religiões (por causa disso, na história posterior a esse período, essa parcela do povo do Norte passa a ser considerada impura; são os samaritanos). Por fim, outros fogem para o reino do Sul, levando consigo suas tradições e costumes.

Segundo os estudiosos, os judeus do reino do Norte recontaram a seu modo a história do Povo de Deus desde a origem, com os patriarcas, até a entrada na Terra Prometida. Isto porque, envolvidos em uma realidade de abandono da fé e do culto dos antepassados, muitos procuraram conservar sua fé em Deus e, num espírito de liberalismo e abandono, evitavam até pronunciar o seu nome verdadeiro (Javé), denominando-o Elohim. Tradição, teologia e modo próprio de se dirigir a Deus, tudo foi levado para o reino do Sul, após a invasão dos assírios.

Tomada e queda do reino do Sul

Após a queda do reino do Norte, segundo os escritores sagrados, a história de Deus com seu povo continuou no reino do Sul, Judá. Nada mais se fala do reino do Norte. De fato, não temos nenhum livro sagrado ou testemunho indireto (outros escritos, de outros povos) que mencionem algo do povo no reino do Norte após a invasão dos assírios (721 a.C.).

Pode-se dizer que o povo com o qual Deus fez Aliança no passado restringiu-se ao que se encontrava no reino do Sul, que, após a queda do reino do Norte, permaneceu como uma nação unida por mais de 150 anos. No cenário internacional, os assírios foram, aos poucos, perdendo poder, dando espaço para os babilônios.

Não obstante o fatal destino sofrido pelos irmãos, o reino de Judá não aprendeu a lição: continuou cometendo os mesmos pecados que os do reino do Norte. O reino de Judá não teve, então, uma trajetória muito diferente em relação a Israel, mesmo com as reformas de Ezequiel e Josias. Com a morte deste último rei reformador, enunciavam-se tempos difíceis para o Povo de Deus.

Joacaz, filho do Josias, caiu vítima do faraó Necao. Em seu lugar foi colocado Eliacim, que recebeu o nome de Joaquim. Depois de sua morte, seu filho Jeconias (também chamado de Joaquim), criticado negativamente nas Escrituras inclusive por Jeremias (cf. Jr 22,20-30), foi feito prisioneiro por Nabucodonosor quando este sitiou Jerusalém, em março de 597 a.C. O rei da Babilônia saqueou e destruiu o Templo e a cidade, deportou para suas terras a elite (o rei Joaquim, a corte, os sacerdotes, os comerciantes, os escribas.[14] Matatias (teve o nome mudado para Sedecias) foi colocado no trono de Judá. Procurou secretamente apoio no Egito, o que levou o rei da Babilônia a sitiar novamente Jerusalém (586 a.C.). Depois de uma tentativa de fuga, Sedecias foi cegado e levado em exílio a Babilônia, e seus filhos foram mortos. Quanto aos habitantes de Jerusalém, muitos foram mortos, e a cidade foi destruída. (Cf. Anexo 2, mapa 7.)

Judá teve o mesmo destino de Israel: a destruição total. A classe mais nobre foi poupada e conduzida ao exílio na Babilônia, e o povo simples permaneceu, a fim de fazer a terra produzir para os novos donos: os babilônios.

Resumo da história do Povo de Deus até o momento

A história do Povo de Deus teve início em terra estrangeira, quando ele era escravo no Egito. Após a saída da terra da opressão, o povo, tendo Deus sempre à sua frente, começou a desenvolver um longo projeto que teve seu ponto máximo com o grande rei Davi. Atingiu, então, o auge, com um país organizado e um poder (o rei) que lhe dava segurança. Com o rei Salomão, outros elementos tornaram-se referência para a fé das pessoas (Templo e Jerusalém). Mas tudo o que arduamente foi erguido e conquistado gradativamente foi abandonado e renegado pelos reis durante a monarquia. Cerca de 500 anos depois da entrada na Terra Prometida, o Povo de Deus se encontrava na "estaca zero": sem o Templo e as festas, sem a cidade e o

---

[14] Foi mencionada anteriormente a estratégia dos assírios (de misturar, no império, as pessoas de diferentes procedências); já os babilônios preferiam deportar somente a elite do país invadido para a capital, Babilônia, onde o poder do império poderia manter controle sobre eles.

seu rei e novamente longe da Terra prometida. Parecia que tudo havia terminado para o Povo de Deus, mas graças às reformas dos últimos reis de Judá (Ezequias e Josias) a história não terminou com a deportação do povo, como aconteceu com Israel por ocasião da invasão dos assírios.

Livros históricos II: 1 Reis, 2 Reis, 1 Crônicas e 2 Crônicas

O mesmo grupo que redigiu os livros que contam a história da ocupação da Terra Prometida (livros de Josué e Juízes) também escreveu a história dos reis, desde sua origem (com os dois livros de Samuel), passando pelos principais reis (Davi e Salomão) e incluindo os fatos mais relevantes relacionados aos reis que os sucederam (os dois livros dos Reis). Esses mesmos fatos foram reescritos bem depois, por outros escritores, com um enfoque diferente (são os dois livros das Crônicas).

Davi e Salomão são os principais reis que o Povo de Deus conheceu; por isso, esses escritos dão especial destaque a esses monarcas, que marcam a grande reviravolta da história do Projeto do Pai. Os reis, em geral, não foram um bom exemplo para o povo; pecaram e levaram o povo a pecar. Não é à toa que Deus não quis aceitar ser substituído por pessoas, na direção do povo.

Os livros dos Reis

Na Bíblia que os judeus possuem, toda história dos reis – depois dos livros de Josué – é contada em um único livro chamado *Reis*. Quando esse único escrito foi traduzido para a língua grega (no século III a.C.), por causa de sua extensão foi dividido em dois livros, conforme as nossas Bíblias.

Os dois livros – 1Rs e 2Rs – contam a história da monarquia, até o último rei sucessor de Davi, e o exílio na Babilônia (587-538 a.C.). A história de 1Rs inicia com os últimos momentos do grande rei Davi (972 a.C.), e o 2Rs encerra-se com a libertação de Jeconias, rei de Judá, que estava detido na Babilônia (561 a.C.). Esses livros contam uma longa história de quase 400 anos, que vai do apogeu da monarquia e, depois, sua divisão, até a queda dos dois reinos (o do Norte em 722 a.C. e o do Sul em 587 a.C.).

O início de 1Rs apresenta os últimos fatos ligados a Davi e sua família, bem como a sucessão de Davi com Salomão (cf. 1Rs 1-2). Em meio a essa história de reis e palácios, aparecem *Elias* e *Eliseu* (1Rs 17 a 2Rs 13),[15] que representam muito bem o movimento reacionário de pessoas que não concordavam com a situação de abandono da fé e dos mandamentos de Deus.

O 1Rs nos revela ainda o principal motivo que levou à divisão do Povo de Deus em duas nações: a soberba do sucessor de Salomão (cf. 1Rs 12,1ss). Os autores dos dois livros dos reis apresentam a decadente história de decepções, guerras, invasões e, por fim, a destruição dos dois reinos. Cada nação tem sua história contada sem censura e com julgamento do autor quase sempre da mesma forma. Para o reino do Norte, os erros de seus reis têm sua origem no pecado de Jeroboão e na construção de santuários dedicados a outros deuses, como os de Betel e Dan. A idolatria que invadiu o Norte também se estendeu para o Sul. Dentre todos os seus reis, somente oito são lembrados pela fidelidade a Deus, mas seis se demonstraram incapazes de eliminar os *lugares altos* dedicados à idolatria. Os únicos reis do Sul que tiveram notória aprovação por parte dos autores desses dois livros foram Ezequias e Josias.

Segundo os autores, a idolatria foi o motivo principal de destruição dos dois reinos, pois constituiu a maior expressão de abandono da lei de Moisés (cf. 1Rs 2,3; 2Rs 14,6), o que é relembrado no "Livro da Lei" encontrado no Templo por um funcionário, no tempo do rei Josias (2Rs 22,8). "Um só Deus, um só santuário" são os princípios fundamentais da lei de Deus esquecidos pelos reis e por muitos do povo.

Os dois livros dos Reis podem ser divididos em três partes:

1. Reino de Salomão: ascensão e queda (1Rs 1,1-11,43).

2. Divisão em dois reinos e suas histórias – até a queda da capital do Norte, Samaria, e a deportação dos seus habitantes (1Rs 12,1-2Rs 17,41).

3. História do reino de Judá até a destruição de Jerusalém; o exílio babilônico até a libertação de Jeconias (2Rs 18,1-25,30).

---

[15] De todos os profetas conhecidos, vários deixaram por escrito seus discursos e o que realizaram; esses escritos compõem um grupo definido de livros da Bíblia. Outros profetas são conhecidos somente por ser citados em outros livros, como Elias e Eliseu, cujos discursos e feitos chegaram até nós relatados nos dois livros dos Reis.

Os escritos cronistas

Os dois livros das Crônicas, colocados em nossas Bíblias logo após os livros históricos dos Reis, foram redigidos no período pós-exílico, e ao que tudo indica faziam parte de um único livro, juntamente com Esdras e Neemias.[16] Por esse motivo, esses dois escritos serão vistos com mais atenção no período do pós-exílio.

Profetas: porta-vozes da Palavra de Deus

A história da monarquia em Israel e Judá é cheia de decepções e escândalos, tanto na corte real como no meio do povo. Mas por que a história do Povo de Deus não terminou com o último rei e com as pessoas que foram levadas para o exílio? Aparentemente, era o fim do Povo de Deus?

Paralelamente à história dos reis, Deus construiu outra história no meio do povo, com outros personagens que conseguiram manter a esperança em meio ao grande descaso para com a religião e os mandamentos. Foram *os profetas* os responsáveis, como porta-vozes, denunciando os desvios e anunciando a vontade de Deus. Conseguiram, assim, preservar alguma identidade do povo e a esperança em seu meio.

Já no início da monarquia, os reis se mostraram péssimos servos da vontade de Deus. Sua principal missão seria a de mensageiros da vontade de Deus, mas eles não a cumpriram. Assim, foi necessário, da parte de Deus, convocar outros homens e mulheres para serem seus mensageiros junto ao povo e aos reis.[17]

Os profetas que surgiram no tempo da monarquia continuaram com a mesma missão dos antigos profetas: emprestar sua voz para que o próprio Deus falasse através deles. Nos reinos de Israel e Judá surgiram vários

---

[16] Como alguns livros do AT, estes foram divididos em dois volumes por causa de sua extensão depois de serem traduzidos para o grego.

[17] Segundo a história bíblica, Deus sempre precisou de homens e mulheres para manifestar sua vontade e conduzir seu povo. Tudo começou com Moisés, no Egito e no deserto; depois foi Josué para entrar e se instalar na Terra Prometida; seguiram-se os Juízes, homens e mulheres chamados para uma missão específica; por fim os reis deveriam incorporar essa missão, já que foram escolhidos e ungidos (Saul, Davi, Salomão, Jeroboão) conforme a vontade de Deus. Mas cada rei, com o tempo, se mostrou mais interessado na realização da própria vontade e dos próprios caprichos.

profetas dos quais temos registrado todo um bloco de escritos no AT. São vários livros que possivelmente foram redigidos bem depois do desaparecimento de cada profeta, talvez pelos discípulos que naturalmente se agregavam a ele.

A história do *profetismo* é mais antiga do que a dos reis. A palavra *profeta* é empregada para indicar diferentes pessoas e situações, desde o início da história do Povo de Deus. Abraão é chamado de profeta (cf. Gn 20,7), a irmã de Aarão, Miriah, de profetisa (cf. Ex 15,20), os livros que contam a história do povo no deserto mencionam falsos e verdadeiros profetas (cf. Dt 13,1.3.5; 18,15.18.20.22); todos são considerados inferiores a Moisés (cf. Dt 34,10; conferir ainda At 3,22; 7,37). O último dos profetas antes do surgimento dos reis foi o juiz Samuel (cf. 2Cr 35,18; At 13,20). Contemporaneamente, floresceram os "colégios de profetas" (cf. 1Sm 10,5; 19,20; 1Rs 20,35; 2Rs 2,3.5.7.15; Am 7,14), que viviam na pobreza (cf. 2Rs 4,38s; 6,1-6) e na obediência (cf. 1Sm 19,20; 1Rs 22,11; 2Rs 2,3.5.7.15), entravam em êxtase sob o influxo de sugestão individual ou coletiva (cf. 1Sm 10,10-12; 19,20-24) através de música, cantos e danças (cf. 1Sm 10;5; 2Rs 3,15). A partir de Samuel (séc. XI a.C.) até Malaquias (séc. V a.C.), a série de profetas foi ininterrupta. Mas o grande movimento profético conhecido na Bíblia surgiu quase contemporaneamente aos reis.

Sabe-se pela Bíblia que no período dos primeiros reis existiam "grupos de profetas" que defendiam a nação de Israel contra os perigos que a ameaçavam. Viviam normalmente junto aos principais santuários (cf. 1Sm 10,5.10-12; 19,18-24). Com a divisão do reino de Salomão, os reis que o sucederam perseguiam os profetas (cf. 1Rs 18,4.13) e davam espaço a falsos profetas de Baal. Nesse contexto, a Bíblia fala dos grandes profetas Elias e Eliseu, que enfrentaram perseguições e provaram quem estava a serviço do Deus verdadeiro (cf. 1Rs 17,1ss).

Profeta é alguém chamado para anunciar ao povo e aos reis a Palavra de Deus. Ele anuncia palavras de esperança e encorajamento diante das dificuldades, mas também é um profundo crítico da realidade. Denuncia principalmente as injustiças em relação aos pobres e menosprezados da sociedade, aponta os erros dos reis e de sua corte, o abandono dos mandamentos e anuncia as catástrofes que estão por acontecer. O profeta não é um visionário[18] que revela o futuro, é um profundo analista da realidade e portador da Palavra de Deus, é um instrumento nas mãos de Deus. Sabe-se que no meio do povo houve também adivinhos – falsos profetas que procuravam "arrancar de Deus" (adivinhar) o futuro e estavam a serviço da vontade do rei (falavam aquilo que lhe era agradável). O verdadeiro profeta revela e está a serviço tão somente da Palavra e da vontade de Deus (é seu porta-voz).

A missão do profeta era anunciar a verdade e denunciar as injustiças. Pode-se perceber que não foram pessoas bem aceitas no meio do povo e muito menos nos palácios dos reis. Ser profeta incomodava os que viviam no erro e na injustiça. Muitos profetas sabiam que falar a verdade e anunciar a justiça não agradava quem estava no erro e na injustiça; por isso relutavam, no início do chamado, em aceitar a missão. Mas graças a eles, a esperança e a fé em Deus foram mantidas vivas no meio do povo.

As Escrituras falam de profetas que somente atuaram junto às autoridade e ao povo; são lembrados em livros que contam seus fatos e palavras.[19] Mas existiram profetas que chegaram a ter discípulos que, posteriormente, deixaram escritos os discursos de seus mestres. Os profetas foram enviados por Deus tanto no reino do Norte – até sua queda – como no do Sul – não só enquanto os reis existiram, mas também após o desaparecimento da monarquia, durante o exílio na Babilônia, e até num período próximo do NT.

Os profetas que possuem escritos que levam seus nomes atuaram no Norte (Amós e Oseias) e no Sul (Isaías, Miqueias, Naum, Sofonias, Jeremias, Ezequiel e Abdias). No período do exílio na Babilônia, foram profetas: Segundo Isaías, Jeremias/Lamentações. Após o exílio, atuaram os profetas: Terceiro Isaías, Zacarias, Ageu, Joel e Malaquias. No final do AT, por fim, os profetas Daniel e Baruc. Tendo como base a extensão dos livros, os profetas são, tradicionalmente, separados em dois grupos: *Profetas*

---

[18] A Bíblia menciona que Deus já orientara, durante o período do deserto, sobre os riscos de se consultar e se deixar influenciar pelos adivinhos (cf. Lv 19,31), quando o povo estivesse na Terra Prometida. Os livros que falam do povo instalado em Canaã lembram vários desvios e pecados cometidos pelos reis, ao buscarem ajuda junto a esses charlatões (cf. 1Sm 28,3.9; Is 8,19; 44,25; Jr 27,9; 29,8; Zc 10,2). No início, os profetas foram vistos como um tipo de adivinho que era consultado em momentos de dificuldade.

[19] Como os profetas Aias de Silo (1Rs 11,29-31), Semeias (1Rs 12,21-24) e o profeta anônimo em Judá (cf. 1Rs 12,32–13,10).

maiores – Isaías, Jeremias/Lamentações, Ezequiel e Daniel – e *Profetas menores,* os demais.

Os escritos dos profetas

Os profetas foram a grande força de Deus para que o Projeto do Pai não sucumbisse aos pecados do povo e dos reis e, pior ainda, à opressão externa das grandes potências imperiais. De fato, muitos povos praticamente foram engolidos por esses impérios, derrotados por guerras, deportações, invasões e muita destruição. Sem uma força interna e sobrenatural, os pequenos países dissolveram-se no meio de outras nações, perdendo completamente sua identidade e apagando-se por completo sua história. Mas não foi assim com o Povo de Deus, que, mesmo passando pelas mesmas derrotas e por invasões, conseguiu sobreviver a tudo, graças aos profetas.

Os *livros proféticos* constituem o terceiro grupo maior na *Bíblia latina.* De acordo com a extensão de cada livro, a tradição cristã costuma falar em *quatro maiores (+ Br e Lm)* – Isaías (Is); Jeremias (Jr) / Lamentações (Lm)/ Baruc (Br); Ezequiel (Ez) e Daniel (Dn) – e *doze_menores* – Oseias (Os); Joel (Jl); Amós (Am); Abdias (Ab); Jonas (Jn); Miqueias (Mq); Naum (Na); Habacuc (Hab); Sofonias (Sf); Ageu (Ag); Zacarias (Zc); Malaquias (Ml). Na *Bíblia hebraica* usada pelos judeus, os profetas menores formam um único livro. Em nossas Bíblias, seguindo tradições antigas, os livros das Lamentações e de Baruc, por estarem ligados a Jeremias, aparecem logo após o livro desse grande profeta.

Os profetas exerceram papel importante: eram os principais conselheiros dos reis. Orientavam sobre os riscos em relação às alianças com povos estrangeiros, sobre as idolatrias, as injustiças sociais e os abusos cometidos na corte ou pelo povo. De outro lado, sabe-se que existiram também falsos profetas, que assim se autointitulavam com o intuito de ganhar dinheiro (cf. Is 30,10; Mq 2,11; 3,5.11), não se opunham aos vícios e pecados dos reis e do povo (cf. Jr 23,9.40; Ez 13,1-16; Jr 14,14s), anunciavam falsas calamidades (cf. Dt 18,20-22; Mq 3,5; Jr 28,9), e em nada se identificavam com os verdadeiros profetas (cf. Ez 3,17-21; 13,22s; 33,2-4).

Antes do exílio (587-538 a.C.), os profetas procuraram mostrar ao povo e aos reis as faltas e os pecados que cometiam, anunciavam as consequências se não mudassem de vida. Foram os principais opositores dos falsos cultos e suas divindades, como também do otimismo exagerado que via somente alguns sinais positivos (cf. Is 22,13s; Jr 21,8s; 28,1-17). Sobressaíram nesse período os profetas Isaías, Jeremias, Oseias e Amós.

Durante o exílio na Babilônia, os profetas procuraram erguer o ânimo do povo exilado e abatido. Alguns profetas chegaram a fazer parte dos exilados, como Ezequiel e o chamado "Segundo Isaías" (cf. Is 40–55), que acompanharam o povo à Babilônia (cf. Ez 16,1-63; 20,39-44; 36,16-38; 40–48; Is 45,1-25; 48,20-22; 50,1-11).

Depois do exílio, foram importantes para animar os repatriados a reerguer a cidade e o Templo. Atuaram nesse período o "Terceiro Isaías" (cf. Is 56–66), Ageu, Zacarias, Malaquias e Joel.

Os livros proféticos não foram escritos na ordem em que se encontram em nossas Bíblias. Muitas vezes, os profetas atuaram em um período, e seus discípulos, algum tempo depois, é que escreveram as ações e palavras dos mestres. Assim, dos profetas que atuaram a partir do período da monarquia, o mais antigo é Jonas, que atuou durante o reinado de Jeroboão II (784-744 a.C.). Amós foi profeta em 755 a.C.; Oseias profetizou em 750-722 a.C.; Isaías (740 a.C.) atuou no reinado de Jotão (738-736 a.C.), Acaz (736-721) e Ezequias (721-693). O Segundo Isaías, um profeta anônimo, possivelmente discípulo de Isaías, atuou na Babilônia (entre 550 a 539 a.C.). O Terceiro Isaías atuou e deixou seus escritos no período pós-exílico. Miqueias foi contemporâneo de Isaías (735 até 701 a.C.). Do profeta Sofonias nada se sabe. Como os oráculos de Naum foram pronunciados pouco antes e logo depois da queda de Nínive, devem ter sido escritos em 612 a.C. Habacuc parece ter atuado no período do império assírio no Norte. Abdias teria atuado no período final dos reis de Judá. Jeremias foi chamado a ser profeta em 626 a.C. Baruc teve seus pronunciamentos redigidos no período pós-exílio; era secretário de Jeremias. O profeta e sacerdote Ezequiel atuou no tempo do rei Joaquim e no exílio. Daniel, conforme a tradição, teria sido contemporâneo de Ezequiel e teria também sido levado ao exílio, mas o conteúdo do livro ajuda a situá-lo no período da revolta dos Macabeus (160 a.C.). Ageu teria vindo da Babilônia com Zorobabel e Josué após o 530 a.C. Zacarias era contemporâneo de Ageu; já o livro de Malaquias foi redigido entre 515 e 450 a.C. (Cf. Anexo 2, mapa 8.)

Os profetas maiores

Na listagem dos profetas na maioria das Bíblias, prevaleceu a tradição de agrupar os escritos por ordem de tamanho e não conforme sua ocorrência cronológica na história do AT. Vamos procurar seguir a ordem bíblica, mas colocando os livros proféticos o mais próximo possível dos fatos históricos, o que ajudará a entendê-los melhor. Dos quatro profetas maiores, nem todos os escritos foram redigidos no mesmo período.

O profeta Isaías e seu livro

Isaías (770-687 a.C.) era filho de ilustre família de Jerusalém. Foi chamado a ser profeta por Deus (Is 6,1) e atuou em 740 a.C., no ano da morte de Uzias. Recebeu o chamado durante uma visão no templo de Jerusalém. Deus apareceu a Isaías cercado de serafins que proclamavam a santidade divina. Como em outras aparições, Isaías teve medo e tremor diante da santidade de Deus (Is 6,5). Purificado de seus pecados, prontamente respondeu ao chamado (cf. Is 6,8). Isaías teve a difícil missão de profetizar ao "resto de Israel" (cf. Is 6,13) – isto é, os que permaneceram fiéis a Deus.

Foi conselheiro de três reis de Judá: Jotão, Acaz e Ezequias, num período de profunda infidelidade religiosa dos monarcas e do povo. O luxo e a riqueza prosperavam em Judá, e, como Amós, Isaías atacou os abusos sociais que visavam manter o excesso de poder e de bens. Atuou também durante o reinado de Acaz e até o final do governo do rei Ezequias. Segundo uma lenda antiga, teria morrido martirizado sob Manassés, filho de Ezequias, que levou Judá, novamente, à ruína moral e social.

Sobre o livro do profeta Isaías, há algumas particularidades históricas. Já no século XVIII, alguns estudiosos começaram a discutir sobre o seu conteúdo e desde aí se afirma que foi redigido em três períodos distintos; posteriormente as redações foram juntadas, formando o livro que conhecemos. A primeira parte (Is 1–39) foi escrita pelo próprio profeta (740 a.C), a segunda parte (Is 40–55) dataria do exílio babilônico (587-538 a.C.) e a terceira parte (Is 56–66) teria sido escrita após o exílio, já na terra de Israel, no período de reestruturação da religião e do povo.

	Queda do Reino do Norte	Queda de Jerusalém	Deportação para Babilônia	Tomada de Jerusalém	Retorno para Jerusalém		
800	721	701	600	586	538		515
740 Vocação de Isaías	716 Ministério de Isaías	622 Reforma de Josias		Exílio na Babilônia		Fim da construção 2º templo	
	1º – Is 1–39			2º – Is 40–55		3º – Is 56–66	

Primeiro Isaías (1–39). O conteúdo dessa parte (particularmente Is 1–35) apresenta fatos históricos contemporâneos ao profeta Isaías, no séc. VIII a.C., com muitas profecias messiânicas. É nesse bloco que se tem o anúncio do Messias chamado de *Emanuel* (= "Deus conosco" – Is 7,10-25). Em 9,1-7, após o nascimento do Menino, ele é descrito como "Admirável conselheiro, Deus Forte, Pai do século futuro, Príncipe da Paz" (9,5).

Após a adesão de Isaías ao chamado de Deus e sua preparação para a missão (cf. Is 6,5.8), o profeta atuou em um momento difícil porque o povo se recusava a ouvir sua pregação (cf. Is 6,9s). Alguns reis, como Ozias e Jotão, haviam conseguido prosperidade à custa de abusos e exploração social. O profeta atacava o luxo, denunciava a falsa esperança que o poder e o luxo transmitiam a todos, levando muitos a abandonar os princípios da Aliança. O profeta chegou a afirmar que é preciso perseverar na fé e na confiança nas leis de Deus, mesmo que a nação fique reduzida a "um resto" (cf. Is 10,22).

A primeira parte do livro é abundante de sermões e oráculos que datam até do século VI e V a.C. Costuma-se identificar com profecias genuínas de Isaías os trechos: Is 1,11; 14,24–23,18; 28–32.

O livro do profeta Jeremias

Jeremias (650-567 a.C.) é natural de Anatot, perto de Jerusalém. Por volta de 626 a.C., foi convocado por Deus para ser profeta (cf. Jr 1,2; 25,3) em circunstâncias muito difíceis. O reino de Judá estava sendo ameaçado pelos babilônios, o que levou o rei a buscar alianças com outros povos. Jeremias teve a missão de alertar o rei que tais alianças não eram a melhor solução; segundo o profeta, seria melhor se submeter ao rei babilônico. Seus conselhos não foram acatados e Jerusalém foi destruída em 587 a.C.

Por causa de sua forte pregação profética anunciando a ruína de Jerusalém, Jeremias foi duramente perseguido. Em sua terra natal, Anatot, procuraram condená-lo à morte, porque questionava seus costumes (cf. Is 11,18-12,6). Em Jerusalém foi encarcerado pelo sacerdote Fassur (cf. Is 18,1-20,6). Libertado da prisão, predisse a ruína de Jerusalém e do templo; foi novamente condenado à morte pelos sacerdotes e falsos profetas, mas dela escapou mais uma vez (cf. Is 26,1-19).

Jeremias ditou a seu secretário Baruc, em 605 a.C., oráculos proféticos desde 626 a.C. (cf. Jr 36,2). Baruc leu-os para o povo no templo, e o rei Joaquim (de Judá) exigiu que fossem queimados (cf. Jr 36,27). O profeta mandou reeditá-los e acrescentou novas profecias (cf. Jr 36,32). O sucessor do rei Joaquim, Sedecias, ordenou que se prendesse Jeremias como traidor da pátria (cf. Jr 37-39). Nesse período, Jerusalém caiu sob os golpes de Nabucodonosor em 587 a.C., e Jeremias foi libertado; preferiu permanecer junto ao novo rei Godolias, imposto pelos invasores (cf. Jr 40,1-6). Este foi assassinado pelo povo. Muitos fugiram para o Egito, onde também o profeta se refugiou (cf. Jr 42,1-43,13). De lá, Jeremias chamou a atenção de todos para fazerem penitência (cf. Jr 44,1-30). Segundo o que parece aludir Hb 11,37, o profeta morreu no Egito, apedrejado pelos judeus que não o queriam ouvir.

Jeremias sofreu duramente como profeta; comprova isso o que Deus lhe disse quando o chamou: ele deveria "arrancar e destruir, exterminar e demolir" (Jr 1,10).

O livro de Jeremias traz o testemunho dos quarentas anos de anúncio e denúncia que ele fez em nome de Deus (626-586 a.C.). Pode ser dividido em três partes, excluindo um prólogo e um apêndice:

1. Jr 2-25, oráculos contra Judá e Jerusalém.

2. Jr 26-45, informações sobre a atividade de Jeremias desde o início do reinado de Joaquim até a queda de Jerusalém e a fuga para o Egito.

3. Jr 46-51, oráculos contra os gentios.

No prólogo, encontra-se a vocação de Jeremias (Jr 1), e no apêndice, as notícias sobre o fim de Jerusalém (Jr 52).

Jeremias, incompreendido em seu tempo, posteriormente foi exaltado como um dos grandes profetas que surgiram em Israel, chamado até de amigo e intercessor junto a Deus (cf. 2Mc 15,13-15; 2,1-8). É lembrado em Dn 9,2 e Eclo 49,7(8s). Influenciou outros profetas, como Ezequiel (cf. Ez 36,23-32), o Segundo Isaías (cf. Is 49,1; 52,13–53,12), da mesma forma que inspirou os autores de vários salmos (cf. Sl 138/139; 39/40; 41/42 ou 42/43).

O livro das Lamentações

O livro das Lamentações consiste basicamente em cinco cânticos que lamentam a queda da Cidade Santa, Jerusalém, em 587 a.C. Os quatro primeiros apresentam em sua estrutura, no início de cada parágrafo, as 22 letras hebraicas (estilo acróstico). O quinto cântico não é acróstico, mas tem tantos versículos (22) quantas são as letras do alfabeto hebraico.

No primeiro cântico, lamenta-se a destruição de Jerusalém, apontada como resultado da culpa e dos pecados do povo. No segundo cântico, chora-se a punição que Jerusalém recebeu e se exorta a cidade à penitência (2,1-19); em 2,20-22, Jerusalém pede misericórdia. No terceiro cântico, o autor apresenta a dor e a desgraça que se abateram sobre Jerusalém, e a espera da misericórdia divina. No quarto cântico, chora-se novamente a ruína de Jerusalém, castigada segundo a justiça divina por causa dos pecados de seu povo. O quinto cântico tem a forma de oração que implora a ajuda de Deus para as vítimas da catástrofe de Jerusalém.

Segundo longa tradição, o autor do livro das Lamentações seria o profeta Jeremias, apoiando-se em 2Cr 35,25. Por isso, em algumas Bíblias, Lamentações vem logo após o livro de Jeremias; em alguns casos, está na parte final e quase que fazendo parte do livro de Jeremias.

Hoje em dia essa tese não é aceita por todos. Dificilmente Jeremias teria afirmado o fim da inspiração profética (cf. Jr 42,7-22 e Lm 2,9), nem teria esperado auxílio do Egito (cf. Jr 37,7s e Lm 4,17), tampouco teria elogiado o rei Sedecias (cf. Jr 22,13-28; 37,17s e Lm 4,20), nem teria apelado para a culpa dos pais (cf. Jr 31,29 e Lm 5,7). É bastante provável que Lamentações seja de um discípulo de Jeremias.

O livro de Baruc

O livro de Baruc encontra-se em nossas Bíblias após o livro do profeta Jeremias. Este profeta menciona que Baruc era seu secretário. Assim, ao longo da história e seguindo tradições antigas, o livro de Baruc foi colocado ao lado do de Jeremias, mas tanto o autor como o livro são de um período final do AT.

O livro do profeta Ezequiel

Ezequiel (o nome significa "Deus dá força") era sacerdote (cf. Ez 1,3), casado. Sua esposa morreu antes da queda de Jerusalém (cf. Ez 24,16-18). Foi chamado por Deus para ser profeta em 593 a.C. (cf. Ez 1,2) e exerceu sua missão até 571 a.C. (cf. Ez 29,17). Nada se sabe do final da sua vida. Segundo uma tradição, foi apedrejado pelos próprios conterrâneos judeus. Foi testemunha do momento mais difícil que o Povo de Deus enfrentou: a destruição de Jerusalém sob Nabucodonosor, em 587 a.C.

O livro de Ezequiel pode ser dividido em quatro partes. Há uma introdução (Ez 1–3) em que é narrada a vocação de Ezequiel. Na primeira parte (Ez 4–24), o profeta apresenta censuras contra os judeus antes da queda de Jerusalém. Na segunda parte (Ez 25–32), propõe os oráculos contra os povos estrangeiros que aterrorizavam Jerusalém. Apesar da tentativa do profeta, Jerusalém foi destruída. Assim, na terceira parte (Ez 33–39), ele consola o povo durante e após o cerco da cidade. Apesar de tudo, ele foi capaz de anunciar um futuro melhor. Para encerrar, na quarta parte (Ez 40–48), Ezequiel anuncia, por parte de Deus, uma nova cidade e um novo Templo após a volta do exílio.

Tudo leva a crer que o profeta Ezequiel atuou em Jerusalém, pois narra os fatos com riqueza de detalhes; tal período corresponderia aos anos 593 e 587 a.C. Por outro lado, talvez nesse período teria morado fora de Jerusalém, pois em suas experiências ele era transportado para a cidade (cf. 8,3; 11,1). É possível afirmar, ainda, que ele também esteve na Babilônia, pois o profeta comenta e estrutura seus anúncios demonstrando que se encontrava no local – corresponderia, então, aos anos 587 a 571 a.C.

No período que antecedeu a destruição da Cidade Santa (586 a.C.), dois profetas atuaram ao mesmo tempo, Ezequiel e Jeremias, mas em seus escritos nenhum se refere ao outro. É estranho que detalhes importantes registrados por Jeremias, como os falsos profetas que atuavam em Jerusalém, não constem no livro de Ezequiel.

Entre tantas contribuições deixadas por Ezequiel, o profeta corrige a mentalidade da época, segundo a qual os erros dos pais eram descontados nos filhos: "Os pais comeram uvas verdes e os dentes dos filhos ficaram irritados" (Ez 18,2). Tal pensamento teria sido usado para justificar, por parte da maioria dos judeus, a queda e a destruição de Jerusalém. Ezequiel discordava dessa ideia; afirmava que a Cidade Santa foi destruída por causa dos pecados de cada um e não dos antepassados.

O livro de Daniel

Em nossas Bíblias, o livro de Daniel é o quarto entre os profetas maiores. Mas observando seu conteúdo e estilo, conclui-se, atualmente, que a melhor posição para ele é no final do escritos do AT. Dessa forma, conferir as informações sobre esse livro mais adiante.

Os profetas menores

Na maioria das Bíblias, tradicionalmente, após os quatro profetas maiores (Is, Jr [com Lm + Br], Ez e Dn), são apresentados os livros dos doze profetas chamados menores: *Oseias, Amós, Miqueias, Joel, Abdias, Jonas, Naum, Habacuc, Sofonias, Ageu, Zacarias* e *Malaquias*. São assim chamados por causa do tamanho reduzido dos livros. A coleção com todos os escritos proféticos parece já definida no século III a.C., conforme menciona o livro de Eclesiástico (cf. Eclo 49,12).

Na Bíblia hebraica dos judeus, na tradução grega LXX (do ano 150 a.C.) e na Vulgata latina (tradução feita por São Jerônimo no século III d.C.) os profetas menores são chamados de *os doze profetas*; a denominação "profetas menores" apareceu pela primeira vez na obra *Da Cidade de Deus*, 18,29, de Santo Agostinho († 430 d.C.).

Os profetas menores podem ser agrupados em dois períodos importantes da história do Povo de Deus. Um primeiro grupo desde a monarquia até o momento do exílio da Babilônia; o segundo grupo, no período posterior à volta do povo à Terra Santa, durante a dominação persa e depois grega. A ordem desses escritos não corresponde ao período em que foram escritos.

Da mesma forma que os livros dos profetas maiores, os dos profetas menores não foram redigidos no mesmo período. Serão vistos, então, em sintonia com os fatos e acontecimentos neles registrados, para se entender melhor a razão de sua origem.

Profetas menores anteriores ao exílio: de Amós a Abdias

O livro do profeta Amós

O profeta Amós era natural de Técua, no reino de Judá (cf. Am 1,1). Era um homem simples de profissão simples: pastor de gado e cultivador de sicômoros (cf. Am 7,14), convocado por Deus (cf. Am 7,5) para ser profeta não em seu país, mas no reino do Norte, cujo rei era Jeroboão II (783-743 a.C.). Esse rei conseguiu conduzir o reino de Israel num grande momento de desenvolvimento e bem-estar; inclusive expandiu os limites de seu território (cf. Am 6,14; 2Rs 14,25). Mas o bem-estar social era somente aparente ou limitado a poucos. Era visível a diferença entre as moradias dos ricos e as dos outros (cf. 3,15; 5,11; 6,8); o luxo e a riqueza levaram todos a abandonar os bons costumes (cf. Am 2,6-8; 4,1; 6,1-6). É nesse período que se instala com mais força o culto idolátrico (cf. Am 4,4; 5,21-23; 8,14).

Tudo aparentava estar caminhando bem em todos os níveis da sociedade. Nesse contexto de prosperidade e desenvolvimento é que Amós foi chamado a proclamar a vontade de Deus, exatamente censurando os desvios e os pecados. Os reis foram abandonando progressivamente os principais pontos da fé judaica, chegando ao ponto de construir santuários por toda a região: Samaria (cf. Am 9,9; 4,1; 6,1-6), Gálgala (cf. Am 5,5) e Betel (cf. Am 4,4; 5,5s; 7,13). O profeta Amós foi severo em seu anúncio e nas denúncias contra todos os pecados sociais e contra o abandono da fé no Deus verdadeiro. O resultado de todos esses pecados foi a queda do reino do Norte em 721 a.C. (cf. Am 7,8s; 8,2). E para o profeta Amós o resultado de suas denúncias foi a perseguição e até a expulsão (Am 7,13s), provocadas pelos reis (cf. Am 7,10) e pela corte de Israel.

De outro lado, Amós também soube animar aqueles que procuravam manter-se fiéis aos mandamentos e à fé em Deus; chamou essas pessoas de "*o resto* de José" (cf. 5,15). Tal expressão foi muito utilizada pelos profetas posteriores (cf. Jr 6,9; 31,7; Mq 2,12; Sf 3,13...).

O livro do profeta Oseias

Oseias foi profeta também no reino do Norte, sob Jeroboão II (783-743 a.C.). Esse rei conseguiu grande prosperidade para Israel, mas com graves desigualdades sociais, luxo, exploração e corrupção. Era uma riqueza de poucos e injusta na sua forma de obtenção. Com a morte do rei, Israel começou a entrar em decadência (em 30 anos, quatro dinastias se sucederam pela via do assassinato); tudo terminou com a queda do reino do Norte em 721 a.C. O profeta Oseias talvez tenha presenciado a queda da Samaria, capital de Israel, pois menciona em Os 1,1 que profetizou sob Ezequias de Judá (716-687 a.C.).

O livro de Oseias pode ser dividido em duas partes.

Primeira parte (Os 1–3) – A partir da sua vida pessoal, o profeta fala de Deus que resgata seu povo do mal. Oseias casou-se com Gomer, uma mulher leviana e infiel. Depois de um tempo, ela traiu seu marido e, por fim, o abandonou, mas acabou na escravidão. O profeta foi atrás de sua esposa e a resgatou, trazendo-a para a sua casa. Na interpretação do profeta, Israel é como sua esposa: infiel e ingrata com seu esposo, que é o próprio Deus, mas este sempre procura seu povo para resgatá-lo.

Segunda parte (Os 4–14) – Muda o contexto, e Oseias é portador de sérias críticas da parte de Deus, contra seu povo, por causa das alianças e dos jogos de interesses políticos nos quais os dirigentes do país se envolviam, naquele tempo (cf.4,1–9,9) e no passado (cf. 9,10–14,1). Por fim, o livro se encerra com uma liturgia de penitência (cf. 14,2-10). No fundo, o profeta critica os responsáveis pela nação do Norte por usarem o poder muito mais a favor de seus interesses do que da nação.

O livro do profeta Miqueias

Miqueias foi profeta praticamente no mesmo período de Amós e Oseias, mas atuou junto aos reis do Sul: Joatã, Acaz e Ezequias, reis de Judá (740-690 a.C.). É provavel que tenha presenciado a queda da capital do reino do Norte, Samaria, em 721 a.C., e a invasão de Senaquerib em Judá, em 701 a.C. (cf. 1,2-16, 3,12; 4,9-11.14). No mesmo período que esse profeta, atuava também Jeremias, que cita um dos oráculos de Miqueias contra Judá (cf. Jr 26,18; Mq 3,12).

O livro de Miqueias possui quatro partes:

Primeira parte (Mq 1,12–3,12) – Processos contra a Samaria, capital do Norte, e contra o reino de Judá.

Segunda parte (Mq 4,1–5,14) – Promessas a Sião, com destaque para o anúncio profético e messiânico de 5,1-4a.

Terceira parte (Mq 6,1–7,7) – Novo anúncio de profecias contra Israel.

Quarta parte (Mq 7,8–20) – Esperança do profeta, em forma de cântico, da restauração de Jerusalém.

O profeta Miqueias foi um profundo questionador; criticou os gananciosos, os credores sem compaixão, os negociantes ladrões, os sacerdotes e os profetas interesseiros, os chefes e os juízes tirânicos. Anunciou também o ideal que todos deviam assumir: "Praticar a justiça, amar com misericórdia e proceder humildemente diante de Deus" (6,8).

O livro do profeta Sofonias

Foi durante o reinado do rei Josias (640-609 a.C.), em Judá, que Deus chamou Sofonias para ser profeta. Josias é considerado um rei justo e piedoso; empreendeu uma grande reforma em 622 a.C. (cf. 2Rs 22,3–23,21). Tudo indica que Sofonias atuou antes dessa reforma. Seus principais pronunciamentos foram contra os cultos de falsos deuses (cf. Sf 1,4), contra a corte (cf. Sf 1,8s; 3,3), os falsos profetas (cf. Sf 3,4) e as injustiças sociais (cf. Sf 3,1-3). Esses temas são comuns tanto nas profecias de Sofonias como na reforma de Josias.

O momento era crítico e difícil tanto para Sofonias quanto para o piedoso rei Josias; por isso a mensagem profética principal é o anúncio do *Dia do Senhor*, isto é, o momento decisivo da intervenção de Deus para restabelecer a religião e o povo fiel, anunciado anteriormente por Amós (cf. Am 5,18-20 e Is 2,10-22).

O livro de Sofonias pode ser dividido em quatro partes:

Primeira parte: O Dia de Javé (Sf 1,2–2,3).

Segunda parte: Oráculos contra as nações pagãs (Sf 2,4-15).

Terceira parte: Vaticínios contra Jerusalém (Sf 3,1-8).

Quarta parte: Promessas de salvação para os gentios e para Israel (Sf 3,9-20).

O livro do profeta Naum

Do profeta Naum pouco se sabe. Ele menciona ser de Elcós, cidade desconhecida (cf. Na 1,1). O livro refere-se à queda da cidade de Nínive, capital do império assírio, que por muito tempo dominou a região do Próximo Oriente, invadindo também o reino de Israel, em 721 a.C., e deportando seus habitantes. Esse escrito inicia-se com um salmo que menciona a manifestação de Deus como juiz dos povos (cf. Nm 1,2-8); em seguida apresenta duas cenas da ruína da cidade de Nínive (cf. Na 1,9-2,18): sua queda (cf. Na 3,1-19) e a lamentação por sua destruição.

O autor apresenta-se como um fiel esperançoso pela justiça divina, que se produz através da intervenção e destruição de Nínive, grande cidade inimiga de Deus (cf. Na 1,11; 2,1) e opressora dos povos (cf. Na 1,12s; 3,1-7). O autor de Segundo Isaías (cf. Is 52,7), posterior a Naum, utiliza a mensagem e a imagem desse profeta (cf. Na 2,1).

O livro do profeta Habacuc

Esse profeta teria exercido o seu ministério no mesmo período do profeta Jeremias. A Bíblia conhece outro personagem com o mesmo nome, citado em Dn 14,32-38. No tempo de Habacuc muitas angústias assolavam o povo, principalmente o fiel e justo observante da lei. Tinha-se a impressão de que o mal e o ímpio é que saem ganhando sempre e prevalecem sobre todos, o que levou o profeta Habacuc a pedir a Deus que se manifestasse e se justificasse diante do domínio do mal dos ímpios. Deus respondeu ao profeta angustiado e prometeu o fim dos ímpios e a vitória dos justos.

O pequeno livro de Habacuc pode ser dividido da seguinte forma:

a) 1,2-11 – Primeira lamentação (1,2-4); diante dos ímpios que oprimem o povo, Deus suscitará os caldeus para puni-los (1,5-11);

b) 1,12–2,20 – Segunda lamentação (1,12-17); promessa de Deus de derrotar o opressor (2,1-20).

c) 3,1-19 – Salmo do triunfo final de Deus.

Os ímpios citados no texto provavelmente são os assírios, que segundo a promessa divina seriam derrotados pelos babilônios. O que de fato se conhece é a queda de Nínive, capital da Assíria, em 612 a.C.

O livro do profeta Abdias

O livro de Abdias é o mais curto dentre os escritos proféticos e um dos mais difíceis. Segundo alguns estudiosos, teria sido escrito contra Edom e seu rei Jorã, vizinho de Judá (848-841 a.C.). No período de atuação do profeta, os árabes e os filisteus oprimiam Judá (cf. Ab 11; 2Cr 21,16).[20] Mas, segundo outros estudiosos, o período mais indicado para esse escrito é o do exílio (cf. Ab 11-14.15b), pois retrata o ódio dos idumeus por ocasião da queda de Jerusalém em 587 a.C. (cf. Ez 25,12-14; 35,1s; Lm 4,21s; Sl 136 ou 137,7). O livro exalta a justiça e o poder de Deus, que age como defensor do direito (cf. 15s).

Exílio na Babilônia: profundo momento de reflexão para o Povo de Deus

Apesar de todo o esforço por parte de alguns reformadores e dos profetas, Jerusalém foi destruída e o povo foi deportado para a Babilônia.

O período em que o povo ficou no exílio da Babilônia (598 a.C. a 538 a.C.) serviu para que refletisse sobre sua situação e realidade como povo escolhido por Deus. Graças à assistência dos profetas (principalmente de Jeremias, Segundo Isaías e Abdias) e às reformas de Ezequias e de Josias, o exílio não foi visto como um abandono de Deus, mas como consequência de o próprio povo ter dado as costas para o Projeto de Deus: "Foram as nossas infidelidades que afastaram nosso Deus de nós"; "Estamos nessa situação por causa de nossos pecados", assim pensava o povo no exílio.

---

[20] Outros distinguem entre Proto-Abdias (1–10), do tempo de Jorã, e Dêutero-Abdias (11–21), posterior à queda de Jerusalém (587 a.C.).

Aplica-se aqui o provérbio bem conhecido por nós: "Somente damos valor a alguém ou a alguma coisa quando a perdemos".

Pode-se afirmar que o período de permanência do povo em terras da Babilônia, de um lado, gerou profunda frustração e tristeza e, de outro, ajudou-o a repensar a base dos princípios constitutivos do povo como eleito por Deus.

A terra, o rei, o Templo e a cidade de Jerusalém eram sinais que davam ao povo garantia de tranquilidade e segurança; pensava que eram suficientes para garantir que nada de errado lhe aconteceria. Talvez esse tenha sido um dos motivos que teve como resultado o exílio na Babilônia.

Os pontos fundamentais da fé judaica (enumerados abaixo), alicerçados ao longo da história do Povo de Deus desde a história dos patriarcas até a monarquia, foram aos poucos abandonados ou colocados em segundo plano.

- *Aliança* de Deus com seu povo.

- *Tradições judaicas*: sábado e festas religiosas.

- *Circuncisão*: sinal pessoal de ligação com Deus.

- *Torah* (Lei judaica): conteúdo principal da fé e da vida do Povo de Deus.

- *A terra*, herança de Deus para os antepassados.

- *O rei* ungido como servo de Deus.

- *Jerusalém*, capital e Cidade Santa.

- *Templo* considerado "pés de Deus" (Lm 2,1) no meio de seu povo.

Os profetas[21] ajudaram o povo a refletir (antes e durante o exílio) sobre esses pontos, e a conclusão a que todos chegaram (nobres, sacerdotes e

---

[21] Deus suscitou, tanto em Judá como na Babilônia, profetas que confortassem o povo e alimentassem a esperança de um novo êxodo de volta à terra. *Jeremias* e *Abdias* atuaram junto ao povo em Judá. *Ezequiel* e o *Segundo Isaías*, junto aos exilados.

o povo) foi a de que, com o passar do tempo, havia se esquecido ou colocado em segundo plano, ou até abandonado, os quatro primeiros pontos fundamentais, o que tornou insustentável a manutenção da segurança e da proteção por parte de Deus. No fundo, o exílio foi o resultado dos pecados de todos em relação aos compromissos assumidos no início pelo Povo de Deus e abandonados progressivamente após o surgimento da monarquia.

O exílio funcionou como um "grande retiro espiritual" em que todos puderam rever e aprender com os fatos recentes. Quando todos tiveram permissão para deixar Babilônia e voltar para a Terra Santa, um novo povo, mais maduro e consciente das suas obrigações, estava pronto para reconstruir sua história. Ainda na Babilônia, o povo já havia retomado os quatro primeiros pontos fundamentais e constitutivos do Povo de Deus, vivendo-os intensamente, na medida do possível. Com o retorno à Terra Santa, vislumbrou-se a possibilidade de reorganizar também os outros pontos perdidos.

Sabe-se que, no período do exílio, um número considerável de pessoas continuou a viver na Terra Prometida (tanto no antigo Israel quanto em Judá). A população que permaneceu era basicamente composta de pessoas simples, trabalhadores e camponeses. Mesmo assim, parte dos escritos desse período foi produzida em Israel.[22]

Por outro lado, pouco se sabe das condições do povo exilado na Babilônia. Tudo indica que havia uma liberdade razoável, que os exilados estavam assentados em comunidades, podiam normalmente contrair matrimônio, tinham permissão para ter seus próprios negócios e alguns até conseguiram relativa prosperidade. Sabe-se que era possível certa comunicação entre a Palestina e a Babilônia (um exemplo é a Carta de Jeremias aos exilados). Apesar disso, o Israel exílico era uma nação derrotada, sem liberdade, sem terra, sem monarquia, sem sua cidade e seu Templo. Foi nesse período que o povo teve contato com a língua aramaica, que acabou sendo adotada como língua do povo, no pós-exílio.

---

[22] Como se viu até aqui, o termo *Israel* pode ser aplicado tanto ao país unido organizado por Davi quanto ao país ao norte, que nasceu com a divisão do reino. A partir desse momento, esse termo se refere sempre ao país todo e não ao país da confederação das tribos do Norte.

Se de um lado o exílio representava uma grande frustração para o Povo de Deus, sem os grandes sinais de sua fé, por outro lado, o período de permanência na Babilônia acabou gerando uma grande riqueza de escritos e ampliou a visão do Povo de Deus, que se considerava o "centro do mundo" e uma "nação imbatível". Os sacerdotes, os escribas e os nobres deportados depararam-se com um mundo totalmente diferente daquele que haviam deixado na terra dos patriarcas. Babilônia representava o que havia de mais rico e grandioso na época. Sua arte e escrita, suas construções, seus templos e palácios deixavam qualquer um de "boca aberta", maravilhado com o luxo e a grandeza de tudo. De fato, na Babilônia floresceram muitas visões de mundo e de várias ciências. Tinha uma cultura muito evoluída e uma estrutura social e urbana bem diferente daquela da Terra Prometida.

Os babilônios possuíam uma visão própria sobre o mundo e até sobre a existência do homem. Com seus deuses e uma cultura avançada para a época, provocaram no Povo de Deus, lá exilado, uma revisão de muitos pontos sobre a própria religião.

O contato com essa nova cultura e visão da realidade fez os escritores sagrados ampliarem a visão da história de sua gente. Nasceu assim a *Tradição Sacerdotal* (simbolizada pela letra *P*), responsável pelo primeiro capítulo do Gênesis e por muitos outros ao longo do Pentateuco, principalmente pela ideia da *santidade e pureza do Povo de Deus* (que se pode encontrar no livro do Levítico).

No período do exílio, outros escritos também foram compostos ou tiveram sua redação terminada, como a *Literatura Deuteronomista* (simbolizada pela letra *D*), iniciada já com Josias e seus escribas. O mesmo aconteceu com alguns *escritos proféticos;* no exílio tomou-se consciência das verdades proferidas pelos profetas, percebeu-se que eles tinham razão e que era preciso preservar sua mensagem por escrito.

No período inicial do exílio, alguns profetas atuaram junto ao povo em Jerusalém, como o profeta Abdias; *outros* na Babilônia, mantendo viva a esperança e a fé dos exilados. Há um profeta que, seguindo o estilo de Isaías (cf. Segundo Isaías 40–55), experimentou a mesma amargura do povo exilado, mas, mesmo assim, não perdeu a fé em Deus.

Concluindo, pode-se afirmar que, mesmo com a contribuição positiva da Babilônia, o povo exilado, vendo-se sem dignidade e desvalorizado, viveu uma experiência de tristeza, desolação e frustração, bem expressa no livro das Lamentações.[23]

Segundo Isaías (40-55)

Como foi mencionado, a dura experiência do exílio na Babilônia ajudou o povo exilado a refletir sobre a própria história e a repensá-la. Desde a criação do mundo (tradição Sacerdotal) até a história mais recente, tudo foi rediscutido, dando origem a alguns escritos que testemunham esse período. Além disso, os profetas tiveram seus discípulos, que procuraram escrever os testemunhos dos mestres ou elaboraram novos capítulos, seguindo o pensamento dos profetas. Costuma-se afirmar que foi isso o que ocorreu com o livro do profeta Isaías, na sua segunda parte (Is 40-55): teria sido elaborada por um discípulo e não pelo próprio profeta Isaías. Esse bloco (chamado também de Dêutero-Isaías) se deveria a um autor ou a autores anônimos, que atuaram junto ao povo na Babilônia, anunciando aos deportados a iminente libertação e a volta à Terra Santa (séc. VI a.C.).

É possível sustentar que essa parte não é contemporânea ao profeta Isaías, pois os reinos de Israel e de Judá já não existiam, e os cidadãos são retratados em situação de exilados por causa das infidelidades cometidas (cf. 42,18-25; 43,5-7.26-28; 47,6; 52,5); Jerusalém e o Templo também já não existiam, por isso o profeta anônimo do exílio profetiza a restauração da cidade e do local sagrado (cf. 44,26-28; 45,13; 49,15-17.19; 52,9). Babilônia é descrita em sua grandeza e arrogância, mas prestes a ruir (cf. 47,5-9). O rei Ciro da Pérsia parece conhecido do profeta e de seus leitores. O profeta do exílio convida seu povo a resgatar a confiança e a alegria, pois o fim do exílio se aproxima (cf. 40,10s.27; 41,10-13; 46,12s; 48,20).

O autor desse bloco demonstra estar presente aos acontecimentos que narra (cf. 40,21.26.28; 43,10; 48,8; 50,10). Condena a cidade opressora, Babilônia (cf. 41,11-16; 42,15-17; 43,14s), e anima seu povo com palavras de esperança: lembra-lhe o cumprimento das antigas promessas messiânicas (cf. 41,25-29; 46,8-12), a libertação do povo e a travessia pelo deserto

---

[23] Para maiores informações sobre o exílio na Babilônia, conferir o volume 8 da Coleção Bíblia em Comunidade, *Deus também estava lá*.

(cf. 41,17-20; 43,1-7; 49,7-26), a glória da futura Jerusalém (cf. 51,17-52,2; 54,1-3.11-17) e até a conversão dos pagãos (cf. 45,14-17.22-25; 55,3-5).[24]

Conclusão da segunda parte

A monarquia significou um momento de máxima organização do Povo de Deus, mas, ao mesmo tempo, representou um período de muitos desafios para todos os seus dirigentes: os representantes no poder civil e os sacerdotes no poder religioso. Segundo os textos desse período, os reis deveriam prosseguir guiando o povo, como fizeram os grandes líderes anteriores, sendo o último o rei Davi. Mas não aconteceu isso.

Os reis de Israel se conformaram muito mais ao estilo dos reis da época do que à vocação como representante do Povo de Deus. Os profetas tiveram uma intensa atuação nesse período, e como porta-vozes de Javé procuraram mudar a realidade, mas não conseguiram realizar muito e nem evitar o pior: a invasão e a destruição de Jerusalém e do Templo.

O exílio Babilônio foi um momento difícil, mas ajudou os israelitas a reverem os seus erros e alimentarem a esperança de um novo tempo. Foi durante o período do exílio que boa parte da Bíblia foi redigida, que vários livros receberam acréscimos e, também, que novos escritos apareceram.

---

[24] Neste bloco e no seguinte, estão os quatro "cânticos do servo sofredor" (cf. Is 40–55) ligados, na tradição cristã, a Jesus.

Terceira Parte

DA REORGANIZAÇÃO DO POVO DE DEUS E DA RELIGIÃO À CHEGADA DOS GREGOS

O povo que fez a experiência do exílio na Babilônia levou consigo toda a história de sua gente, todos os feitos de Deus a favor de seus antepassados, desde Abraão até os profetas. Os exilados eram sacerdotes, membros da corte, escribas e pessoas da alta sociedade da antiga nação de Judá. Se a triste realidade do exílio foi um choque para eles, facilmente concluíram que mereceram o castigo: a punição era justa. Esse sentimento gerou outro mais forte ainda: a *esperança*. Passaram a refletir sobre o passado e sua história, seus valores e sua realidade de povo escolhido por Deus: "Se ele permitiu que tudo isso acontecesse por causa de nossos pecados, tem poder de nos libertar novamente e nos reconduzir à nossa terra de direito". Esperavam um *novo Moisés*, um *novo Êxodo,* como havia acontecido ao povo escolhido muito tempo atrás. Uma nova esperança e um novo tempo, Deus poderia conceder a seu povo arrependido.

Ciro e a volta do povo da Babilônia

A esperança em Deus era muito forte. "Ele vai enviar um libertador à altura de Moisés.", assim esperavam os exilados na Babilônia. Mas Deus tem seus planos, que nem sempre são iguais aos nossos.

No ano 538 a.C., o rei Ciro, da Pérsia, conquistou o território do império babilônico[1] (que incluía a Terra Santa). Mas diferente dos outros

---

[1] O soberano da Babilônia Nabônides, diante das ameaças de Ciro, rei da Pérsia, transferiu a capital para Tema e deixou seu filho como administrador da cidade e capital Babilônia, pois o novo imperador demonstrava-se imbatível. Ciro conquistou os impérios dos medos, parte da Ásia Menor, as planícies da Babilônia, da Síria, da terra de Israel e do Egito; chegou a formar o maior império do Oriente.

dominadores (assírios e babilônicos), os persas[2] foram mais tolerantes e adotaram uma política de respeito para com todos os seus dominados. Permitiram que os povos dominados pela Babilônia e ali exilados retornassem aos seus países. Ciro conseguiu construir um dos maiores impérios que o mundo antigo conheceu. (Cf. Anexo 2, mapa 9.)

Tal tolerância se estendeu também às religiões de cada povo. Os persas não interferiam nas práticas religiosas e nos cultos dos povos dominados; chegaram até a permitir que, ao voltar para sua terra de origem, levassem todos os objetos sagrados confiscados pelos reis babilônicos (cf. Esd 6,2-5). Segundo as Escrituras, o novo imperador persa teria até ajudado na reconstrução do Templo destruído pelo rei Nabucodonosor.

A saída da Babilônia não aconteceu da forma que os exilados imaginavam. Não foi como nos tempos de Moisés, com grandes sinais de Deus e uma grande mobilização do povo, que de uma forma espetacular atravessou o Mar Vermelho e fez a longa caminhada até a Terra Prometida. O imperador Ciro simplesmente permitiu a volta de todos. Os textos sagrados viram tal atitude como fruto da intervenção de Deus, e o rei estrangeiro, como *instrumento* utilizado por Deus para dar a liberdade de que o povo precisava.[3] Em terras estrangeiras, o povo, animado pelos profetas e sacerdotes, nutria uma grande esperança de reorganizar os principais pontos da fé. Já havia retomado alguns deles: o sábado, a circuncisão e a *Torah*. Com a permissão para retornar à antiga terra de seus pais, começou a vislumbrar a possibilidade de reconstruir os outros pontos fundamentais de sua vida e identidade.

Após o edito de permissão do rei Ciro (cf. Esd 1,1-4), foram organizadas várias caravanas para conduzir o povo da Babilônia até a Terra Santa.

Sassabasar foi o primeiro a organizar a volta e a instalação do povo nas terras dos patriarcas. Mas não foi fácil. O povo estava mais interessado em construir suas próprias casas (cf. Ag 1,2-4) do que trabalhar para reconstruir a cidade e o Templo. Ademais, com a destruição de Jerusalém em 586 a.C., outros templos passaram a ser referência para quem permaneceu na

---

[2] Para maiores informações sobre os persas, consultar o volume 9 da Coleção Bíblia em Comunidade, *A comunidade renasce ao redor da Palavra*.

[3] O Segundo Isaías chama Ciro de "ungido do Senhor" (cf. Is 45,1), "meu pastor" (cf. Is 44,28.13), e Esdras considera esse rei como "enviado de Deus" (cf. 1,1-4).

antiga Judá, principalmente nas regiões vizinhas da Samaria e da antiga nação de Israel.

No período do exílio na Babilônia, possivelmente alguns chefes dessa região (particularmente os samaritanos), passaram a governar também sobre Judá, a mando dos reis da Babilônia. Esses poderosos da região viam a reconstrução de Jerusalém como algo que colocaria em risco os poderes por eles adquiridos no exílio.

Sassabasar e outros repatriados não conseguiram muita coisa, senão a reconstrução do altar. O projeto de reconstrução da cidade e do Templo foi interrompido (Esd 4) no tempo do rei Xerxes (486-465 a.C.) e retomado somente com a chegada de Zorobabel e de Josué.[4]

Em 520 a.C., *Zorobabel* foi escolhido para conduzir a segunda caravana dos exilados. Foi constituído por Dario I, então imperador da Pérsia, como governador de Jerusalém e da Judeia. Na caravana de Zorobabel estavam *Josué e seus descendentes* (cf. Esd 2,2; Ne 7,7; Esd 2,36.40; Ne 7,39.43). Josué ocupou o papel de líder religioso e Zorobabel, o de líder político. Nessa caravana estavam muitos da classe sacerdotal (cf. Esd 2; Ne 7).

Depois de enfrentar muita resistência e várias batalhas com os "povos da terra", o Povo de Deus conseguiu reconstruir o *segundo Templo* (o primeiro Templo foi construído por Salomão), que foi oficialmente dado como terminado em 515 a.C., com festas e muitas celebrações (cf. Esd 6,19-22).

Neemias e Esdras: reorganização das bases da fé do povo judeu

Neemias e Esdras[5] são as únicas testemunhas que registraram esse período tão importante da história do Povo de Deus: sua volta e reinstalação

---

[4] Estes últimos receberam grande apoio dos profetas Ageu (cf. Ag 1,1-2,9) e Zacarias (cf. Esd 5,1-2).

[5] Os livros de *Esdras* e *Neemias* eram apenas um único volume, escrito em hebraico, sob um único nome: *Esdras*. Mesmo quando houve a versão em grego (LXX, em 300 a.C.), permaneceu um único volume. Na tradução das línguas originais para o latim (a *Vulgata*, no século III d.C.), São Jerônimo dividiu o único livro de *Esdras* em dois: *Esdras* e *Neemias*. As narrativas das Crônicas terminam com a ruína da monarquia no reino de Judá, enquanto Esdras e Neemias retomam a história após o exílio, com o edito de Ciro; abordam o retorno dos exilados e os diversos projetos de reconstrução da Judeia e da comunidade de Israel.

na Terra Prometida. São dois séculos de fatos e mudanças (539 a 331 a.C.) quase que exclusivamente narrados em seus livros. A Neemias (governador) se atribui a restauração administrativa de Judá; a Esdras (escriba), sua reconstrução moral e religiosa. Tal obra reformadora parece situar-se entre os anos 445 a 398 a.C.

Mas esse período da história possui outros acontecimentos e personagens.

Os primeiros que vieram em caravanas – Zorobabel, logo após o edito de Ciro (538 a.C.), e Sassabasar (520 a.C.) – conseguiram reconstruir o altar, depois o Templo e retomar algumas festas costumeiras do Povo de Deus. Mas foi com Neemias e Esdras que as reformas foram ampliadas e aprofundadas, atingindo até a vida familiar do povo repatriado.

Neemias atuou junto ao povo em dois momentos. Sua primeira missão data de 445 a 433 a.C., quando conseguiu restaurar as muralhas da cidade de Jerusalém, e as fortificações foram consagradas (cf. Ne 1,1-4.17; 6,1-73a; 11,1-20.25a; 12,27-32.37-40.43). Ele encontrou oposição das províncias da região (cf. Ne 2,19; 4,1; 6,1): Sansabalat (Samaria), Tobias (Amon) e Gosem (Arábia). Depois de doze anos de missão (cf. Ne 5,14), regressou a Susa. Retornou à Terra Santa, em uma segunda missão, em 430 a.C.

Sobre *Esdras*, as informações não são tão seguras; teria atuado ou ao lado de Neemias (entre os anos 445 a 432 a.C.) ou sozinho, logo depois de Neemias (398 a.C.). De qualquer forma, a ação de ambos mudou a vida de todos. Esdras, no entanto, ocupou-se com a organização da vida religiosa da comunidade (cf. Esd 7,1-8,36). Leu a Lei (*Torah*) para o povo (cf. Ne 7,73b-8,12), presidiu a festa dos Tabernáculos (cf. Ne 8,13-18), tentou suprimir os casamentos mistos (cf. Esd 9–10) e moveu o povo à verdadeira penitência (cf. Ne 9,1ss).

Esses dois líderes promoveram não somente a reorganização das estruturas físicas do povo (cidade, muralhas, Templo) e religiosa (celebrações, culto e organização dos sacerdotes), mas, também, inspirados principalmente nas reformas de Ezequiel e Josias, viram a necessidade de promover uma purificação do povo.

O povo e os dirigentes aprenderam a lição em relação aos pecados cometidos por todos. Esdras e Neemias trouxeram uma nova esperança de tudo voltar a ser como no tempo da monarquia unida. Tinham um ideal que procuraram colocar em prática: se Deus é santo, tudo deve ser puro e santo, inclusive o povo. Dessa forma, após a reconstrução da cidade de Jerusalém (praticamente é quase todo o conteúdo do livro de Neemias), era preciso definir quem seria *digno* de reocupar a Cidade Santa, onde estavam o santuário e o altar de Deus. Verificaram as listas daqueles que retornaram da Babilônia para identificar quem era descendente do Povo de Deus – isto é, cujos antepassados faziam parte das doze tribos de Israel – e se, ao longo do período de exílio, não teve parentes estrangeiros. Queriam realmente ter certeza de que quem pisasse o chão da cidade e do Templo fosse descendente daqueles que receberam as terras como herança de Deus. Ninguém escapou dessa consulta: povo simples, comerciantes, cantores do Templo, levitas, escribas e sacerdotes.

A questão ficou preocupante quando constataram que muitos israelitas eram casados com estrangeiras. Há um fato considerado crucial para eles: a mãe é quem educa o filho na fé (é o que se pensa, erroneamente, ainda hoje; no entanto, a formação humana integral da criança é uma responsabilidade de ambos os pais). A preocupação de que a infidelidade para com o Deus verdadeiro se repetisse no meio do povo levou os dois líderes a decretar que, para morar na Cidade Santa, o israelita que tivesse desposado uma estrangeira deveria se separar de sua mulher e dos filhos e contrair novo matrimônio com uma judia (cf. Esd 10; Ne 13,23-30).

O povo deveria ser sinal da grandeza e do poder de Deus; por isso muitas mudanças e leis foram adotadas para se eliminarem as desigualdades sociais (cf. Ne 5).

Neemias, no segundo período de sua atuação em Jerusalém, teve uma grande decepção em relação aos principais valores que tinha deixado para o povo, inclusive a própria situação social. Expulsou do meio do povo os estrangeiros que tinham se instalado até na área reservada no Templo, e os judeus que haviam abandonado o repouso sabático ou se casado com mulheres estrangeiras (cf. Ne 13,4-31). Ele não teve medo de entrar em conflito com pessoas influentes de Judá (cf. Ne 13,28). Fundamentando-se na Lei do Deuteronômio e Levítico (cf. Dt 15,1-15 e Lv 25), exigiu a devolução de tudo o que os pobres tinham perdido por causa das dívidas, proclamando uma espécie de "ano jubilar".[6] Neemias pediu aos ricos que devolvessem aos pobres as terras roubadas e perdoassem suas dívidas (cf. Ne 5,6-13).

---

[6] Em Lv 25 têm-se todos os princípios do ano jubilar, que consiste no perdão e na libertação daqueles que se tornaram escravos ou servos por causa de dívidas. As terras deveriam

Ainda faltava um último ponto a ser revitalizado no meio do povo: a Lei (*Torah*). Foi exatamente o esquecimento dela e dos compromissos da Aliança que levou o povo ao pecado e à sua consequência final: o exílio. Os cinco primeiros livros da Bíblia – o Pentateuco – teriam tido sua redação final nesse período.[7] A Lei foi então oficialmente proclamada e solenemente assumida por todos (cerca de 350 a.C.), em bonita cerimônia realizada por Esdras e Neemias (cf. Ne 8,1-8). Ao longo de um dia leram e explicaram os princípios da Lei de Deus.

Graças a essas e outras reformas realizadas por Esdras e Neemias, eles são considerados os *pais do judaísmo*,[8] nome com que passou a ser conhecida a religião e os seus seguidores (judeus) no período pós-exílico.

Com Esdras e Neemias, parecia que o Projeto de Deus para seu povo estava próximo de sua restauração. Além da cidade com suas muralhas, estavam recuperados o Templo, com o altar, o culto, o sábado e as festas principais; os sacerdotes dignos e da antiga linhagem sacerdotal, os levitas, os cantores e todos os funcionários do Templo estavam exercendo seus ofícios conforme as normas e preceitos estabelecidos. Por fim, a lei tinha sido restabelecida como pilar principal de sustentação da vida do povo. Tudo estava caminhando bem, inspirando ares de novos tempos para o Povo de Deus. Após as reformas na cidade de Jerusalém realizadas nesse período, houve um acréscimo na área original do tempo dos reis Davi e Salomão. Sobre o Templo, não se sabe ao certo se todas as mudanças foram realizadas pelos reformadores, mas é bem provável que tenha sido atingida a forma como se encontrava no tempo de Jesus.

---

retornar para os primeiros donos, o solo deveria repousar durante o ano e tudo o que brotasse ou fosse produzido pela terra seria dos pobres e transeuntes.

[7] Apesar de contarem a história da origem do mundo, dos patriarcas, do Povo de Deus até sua estada às portas da Terra Prometida, os cinco primeiros livros da Bíblia não foram escritos num único momento da história. Quando Esdras proclamou a Lei de Deus para o povo, havia já um volume, resultado de uma junção de todas as diversas tradições de relatos feitos até aquele momento.

[8] O Judaísmo que nasce neste período é marcantemente sacerdotal em seu estilo, já que tudo está profundamente ligado ao Templo e aos sacerdotes. Estes passam a dirigir e a direcionar a vida do povo. Tudo terá uma grande mudança após a destruição de Jerusalém, no ano 70 d.C., quando a religião judaica sofrerá outra grande reforma, passando a ser, a partir de então, somente laical.

Novos tempos, novos profetas: de Ageu a Malaquias

O exílio na Babilônia foi a mais dura experiência sofrida pelo Povo de Deus no AT. Em um momento perderam tudo: o rei, a Cidade Santa, o Templo e, por fim, a terra dada aos seus pais. Mas tudo mudou com Ciro, que, dominando a Babilônia, permitiu a volta do povo para sua terra. Tempo novo, com novas esperanças, necessitando de novos anúncios e profecias. Foi nessa situação que atuaram os profetas no pós-exílio.

O Povo de Deus conseguiu superar todos os desafios e frustrações, graças aos profetas que atuaram junto aos reis no período de declínio da monarquia, no momento da invasão dos estrangeiros, na deportação e durante o exílio. Depois da volta da Babilônia, no período de reestruturação da religião e do Povo de Deus, os profetas não poderiam faltar. Como os antigos, os novos profetas do pós-exílio agiram independentemente do rei, do povo e dos sacerdotes, buscando transmitir unicamente a vontade de Deus e a esperança de novos momentos, esperança que brota somente em Deus.

Terceiro Isaías (56–66)

Isaías foi um dos maiores profetas que o Povo de Deus conheceu. Atuou em Jerusalém (740 a.C.) e foi conselheiro de três reis: Uzias, Acaz e Ezequias. Este último deu início a uma grande reforma religiosa (716 a.C.), complementada pelo rei Osias, em 650 a.C. Os ensinamentos e os discursos desse profeta foram tão significativos e influentes na vida e na religião do Povo de Deus, que surgiu em torno dele um grupo de discípulos; eles teriam, inclusive, tido o trabalho de registrar ou memorizar todos os discursos do profeta e, posteriormente, os teriam escrito. Segundo os estudiosos, mesmo após sua morte, os discípulos continuaram fazendo profecias, respeitando o mesmo estilo e linguagem do profeta Isaías.

Como já se viu anteriormente, o livro de Isaías que temos em nossas Bíblias seria constituído, na verdade, de três escritos redigidos em momentos distintos da história do Povo de Deus, por diferentes autores: o Primeiro Isaías (caps. 1 a 39) contém a mensagem do próprio Isaías; talvez tenha sido escrito por ele ou ditado pelo profeta a um discípulo. O Segundo Isaías (caps. 40 a 55) teria como autor um discípulo que atuou durante o exílio e transmitiu as profecias, seguindo o estilo do mestre. Por fim, o Terceiro

Isaías (caps. 56 a 66), elaborado no início da reconstrução do Povo de Deus (520 a.C.), provavelmente foi compilado por um terceiro discípulo. Os três escritos exibem certas diferenças e conteúdos, mas, talvez por pertencerem à mesma escola profética ou por terem alguns pontos em comum, foram transmitidos com se fossem um único escrito, ou foram ajuntados depois do surgimento do Terceiro Isaías.[9]

Terceiro Isaías (caps. 56-66) – O fundo histórico desse terceiro escrito de Isaías difere dos dois anteriores (Is 1–39 e Is 40–55) tanto por seu conteúdo como pelo estilo. O momento novo da reocupação da Terra Santa revela, de um lado, novas esperanças e alegrias; de outro, a repetição de alguns vícios e pecados antigos contra a lei de Deus (cf. Is 57,3-5; 59,9-12; 61,1-3; 63,18s). O povo não estava tão animado em recuperar os principais sinais da fé de Israel: o templo e a Cidade Santa. O profeta tentou animá-lo recordando as antigas promessas feitas por Deus, principalmente as relacionadas ao templo e a Jerusalém, como lugares onde todos (judeus e pagãos) iriam se encontrar, como um lugar santo e messiânico. A mesma iniciativa tiveram os profetas Zacarias e Ageu.

É bem visível nesse bloco que o povo já estava instalado na antiga Terra de Israel (cf. Is 56,10-12; 58,3-6; 59,3s). Como no tempo da ocupação de Canaã, parece que novamente ocupou as montanhas e regiões mais acidentadas (cf. Is 57,5-7). Quando o autor do Terceiro Isaías escreveu, a Cidade Santa estava parcialmente povoada e reconstruída (cf. Is 60,10; 61,4) e o templo em ruínas (cf. Is 64,1 Os), mas o profeta prometeu sua reconstrução (cf. Is 56,5-8; 58,2; 62,9; 66,6.20).

Nesse momento de reformas e reorganização, o Terceiro Isaías insistiu em alguns pontos fundamentais para a vida e a fé do fiel: a participação no culto e a observância da Lei do Senhor, particularmente do sábado (cf. Is 56 2.4-6; 57,6-12; 58,13s; 65,1-6; 66,3s). Combateu as idolatrias (cf. 56,8-57,13; 58,1-5; 66,17), convidou à prática da penitência (cf. Is 59,1-4; 63,7-64,11), do jejum e da oração (cf. 58,1-12).

---

[9] Talvez este momento tenha sido durante a promulgação feita por Esdras e Neemias em 350 a.C., quando apresentaram o Pentateuco ao povo da forma que hoje temos em nossas Bíblias (com todas as tradições ajuntadas em um único livro). Esses reformadores, com certeza, se debruçaram sobre todos os escritos importantes da Bíblia no AT, além do Pentateuco, o que possivelmente teria acontecido com os escritos do livro do profeta Isaías.

Zacarias (1–8)

Zacarias atuou no período de reorganização do Povo de Deus após a volta da Babilônia. Foi contemporâneo do profeta Ageu, conforme afirma outro escrito do mesmo período (cf. Esd 5,1; 6,14). Poucas informações existem sobre sua pessoa, mas sua mensagem teve a influência do profeta Ezequiel. Zacarias talvez pertencesse à classe sacerdotal, pois procura motivar os judeus, no pós-exílio, a priorizar a reforma do Templo, os cultos e as leis da *Torah*. Como os sacerdotes, Zacarias pregava a pureza moral do povo.

O escrito do profeta Zacarias – É visível a mudança de linguagem e estilo após o capítulo oitavo do livro de Zacarias, o que leva os estudiosos a dividirem sua elaboração em duas etapas. A *primeira parte* (Zc 1–8) corresponde ao tempo posterior ao profeta e traz, seguramente, o conteúdo de suas pregações (520 a.C., sob o domínio persa). A *segunda parte* (Zc 9–14), cujo conteúdo e cujas pregações são de um período posterior ao do profeta Zacarias, possivelmente foi escrita por discípulos que procuravam seguir o estilo do mestre (sob o domínio dos gregos, no século III a.C.). Esta segunda parte, por ser de um outro período da história, será vista posteriormente.

Zacarias 1 a 8 – O livro inicia-se com uma introdução (1,1-6), que situa sua atividade profética entre outubro e novembro de 520 a.C., dois meses após a primeira profecia de Ageu. Profetas contemporâneos, passaram pelos mesmos problemas na reconstrução do Templo e sofreram perseguição por parte dos vizinhos de Israel. O livro menciona oito visões de Zacarias sobre a restauração e a salvação de Israel (cf. 1,7–6,8), com destaque para Zorobabel, que se apresentava como messias davídico (cf. Zc 3,8-10; 6,12s); exalta também o profeta Josué (cf. Zc 3,1-7) e os ungidos por Deus para governar o povo nesse momento de reformas (cf. Zc 6,13). Seguem-se outros oráculos messiânicos (cf. 6,9–8,23). Essa primeira parte é certamente de autoria do profeta Zacarias.

O livro do profeta Ageu

Ageu é um dos profetas que atuaram no difícil momento da restauração da religião no pós-exílio (Zacarias e Terceiro Isaías foram seus contemporâneos). Não foi fácil manter firme e elevado o ânimo e as esperanças do povo, pois se o exílio na Babilônia foi difícil, muito maior se apresentava o desafio da volta e da reestruturação do país e da religião, nas terras deixadas havia mais de meio século e por muito tempo ocupadas por estrangeiros.[10] O povo voltava com certo ânimo, mas quase sem nenhuma condição de afrontar esses desafios, principalmente as novas lideranças instaladas nas antigas terras de Israel e seus vizinhos (cf. Esd 4,1-4). Assim, os profetas foram fundamentais nesse momento.

Ageu regressou da Babilônia com o povo para as terras de Judá, quando lhes foi dada permissão pelos reis persas. Ao que tudo indica, teria vindo na segunda caravana de Zorobabel e Josué, que retomaram as construções iniciadas pelo primeiro grupo. Através de outros escritos contemporâneos, sabe-se que a realização do sonho de reestruturar as bases da vida e da fé de Israel não foi fácil. A insegurança não se baseava somente na hostilidade daqueles que eram contrários à reorganização de Jerusalém e do Templo; havia também inseguranças quanto à produção da terra e à carestia (cf. Ag 1,6.10s; 2,17s; Zc 8,10). Ageu profetizou e exortou os responsáveis pelas reformas (Zorobabel e Josué) e todo o "povo da terra" e o "resto" de Israel (cf. Ag 1,12-14; 2,2). Os desafios eram diversos e atingiam vários setores; mesmo assim, o profeta não deixou de exortar seus compatriotas a não abandonar a reconstrução do Templo de Deus em Jerusalém, símbolo maior da presença e das bênçãos divinas para seu povo.

O livro do profeta Joel

O livro do profeta Joel é o mais difícil de situar quanto à sua autoria e datação. O profeta Joel não é citado em nenhum outro escrito contemporâneo ou posterior a ele. Observando seu conteúdo, pode-se afirmar que foi escrito no pós-exílio (nada afirma sobre o rei de Judá[11]), no início do século IV a.C., pois apresenta algumas semelhanças com outros escritos conhecidos (por exemplo: Jl 2,11 // Ml 3,2; Jl 3,4 // Ml 3,23) e a mentalidade particularista e cultual de escritos dessa época. O texto não menciona nenhum

---

[10] Antes do exílio, os anúncios eram sobre censuras e condenações dos pecados do povo e dos reis; durante o exílio era preciso manter a esperança viva; agora, no pós-exílio, Ageu e os outros profetas anunciam a restauração dos principais pontos da fé judaica que necessitavam ser resgatados e reerguidos: inaugura-se assim o tempo da restauração do povo e da religião.

[11] Nada afirma sobre reis governando o povo (comum em textos antes do exílio), mas apenas sobre anciãos e sacerdotes (cf. Jl 1,9.13.16; 2,1.15.). Apresenta também uma outra questão comum no período da ocupação das terras de Israel: a dispersão do povo entre os gentios (cf. Jl 3,2) e a venda de judeus como escravos (cf. Jl 4,6).

rei em Judá, mas somente anciãos e sacerdotes (cf. Jl 1,9.13.16; 2,1.15). Fala da dispersão do povo no meio dos gentios (cf. Jl 3,2) e da escravidão de judeus por parte dos gregos (cf. Jl 4,6).

O estilo apocalítico dos capítulos 3 e 4 de Joel ajuda a situar esse escrito como anterior a outros escritos apocalíticos, como o livro de Daniel.

O livro de Joel compreende duas partes bem distintas: 1,2–2,27 fala de uma invasão de gafanhotos que atingiu Judá, desencadeando uma liturgia de luto e de súplica ao Senhor. Tudo indica que tal calamidade natural realmente aconteceu e que o profeta a interpretou como preanúncio do juízo de Deus. Como outrora, diante do clamor do povo, ele se compadeceu, prometendo pôr fim à praga e propiciar fartura para todos. 2,28–3,21 descreve o "Dia do Senhor", momento em que o Espírito de Deus animará e fortalecerá a todos; como no tempo dos juízes e heróis de Israel, acontecerá o juízo sobre as nações e a restauração messiânica do povo eleito. O "Dia do Senhor" é recuperado e potencializado por Joel (cf. Jl 1,15; 2,1.11; 3,4 e 4,14). Essa expressão, usada pelos grandes profetas, significa o dia da justiça de Deus (cf. Is 13,6.9; Jr 46,10; Ez 13,5; 30,2; Am 5,18.20).

O livro do profeta Malaquias

A palavra *Malaquias* (cf. Ml 1,1) em hebraico significa "meu mensageiro" (cf. 3,1). Com base no conteúdo, pode-se afirmar que seu livro é posterior a 516 a.C., quando o Templo e o culto foram restaurados em Israel (cf. Ml 1,13), mas anterior à questão dos casamentos mistos e do divórcio, censurados por Neemias (cf. Esd 9s; Ne 10,28-30; 13,23-31), em 445 a.C. (cf. Ml 2,10-12). Há uma grande proximidade entre as normas do Deuteronômio e as propostas por Malaquias (cf. Ml 1,2 // Dt 7,8; Ml 1,9 // Dt 10,17; Ml 2,1.33 // Dt 18,1; Ml 2,6 // Dt 33,10; Ml 4,4 // Dt 4,10). O profeta revela preocupação pelos pecados – dos sacerdotes e do povo (cf. Ml 1,6–2,9; 3,6-12) – ligados ao culto de Deus no Templo.

Há um esquema repetitivo composto de seis partes: Deus faz uma afirmação, o povo e os sacerdotes contestam, e Deus, por fim, severamente a confirma.

O livro pode ser resumido em dois temas principais: a falta de sacerdotes dignos para o culto no Templo (cf. 1,6–2,9 e 3,6-12) e o escândalo dos matrimônios mistos e dos divórcios (cf. 2,10-16). Para tanto, Malaquias anuncia o Dia do Senhor para a purificação de todos e a condenação dos injustos e impuros (cf. Ml 3,1-5.13-21). A mensagem principal do profeta é sobre o Dia do Senhor, quando Deus purificará sacerdotes e levitas, punirá os maus e concederá aos justos o triunfo (cf. Ml 3,1-5.13-21).

Novos estilos de livros das Escrituras

O período pós-exílico marcou o recomeço da história do Povo de Deus. Com muitas dificuldades, mas também com grande esperança, os alicerces da fé e da vida do Povo de Deus foram resgatados e fortalecidos. Um tempo novo de esperança gerou novos escritos que refletem muito bem a riqueza cultural desse momento da história. As experiências obtidas no contato com a rica cultura babilônica, com sua língua (aramaico), com suas filosofias e religiões e, depois, a liberdade concedida pelos persas propiciaram a elaboração de novos escritos para o Povo de Deus.

A obra cronista: 1 Crônicas, 2 Crônicas, Esdras e Neemias

Em torno do século III a.C., tem-se a edição final dos livros de Esdras, Neemias e dos dois livros de Crônicas. Esses quatro livros são chamados de *obras cronistas* por apresentarem características comuns na redação, na linguagem e no estilo, levando à conclusão de que foram escritos pelos mesmos autores. Uma característica comum muito forte é o estilo narrativo, jornalístico (daí o nome de *cronista*), o que determinou o título desse conjunto de escritos.

Algumas ideias perpassam essa coleção e influenciaram os escritos posteriores até o NT. O conteúdo é apresentado na ótica da *Doutrina da retribuição*: Deus retribui com graças e bênçãos quando se caminha na santidade e se vivem e praticam os mandamentos, mas castiga quando se está no pecado. Há um reforço da ideia de que a única cidade sagrada para o povo é Jerusalém e o único lugar sagrado é o Templo, com seus sacrifícios e sacerdotes. A pureza dos ritos, da cidade e do Templo exigia um povo santo e puro. Se a fundamentação e a conservação da comunidade cultual de Jerusalém é o tema principal da obra cronista, o mandamento sobre a pureza é a sua meta e objetivo, exigindo a exclusão dos estrangeiros (cf. Esd

9; Nm 9,2; 10,29s) e dos samaritanos (cf. 2Cr 13,5; 19,2; 25,7; 30,6s; Esd 4,1; Nm 2,19s), reformas estas muito bem fundamentadas na *Torah* (Lei dos judeus), que retoma seu lugar como centro da vida do judeu, sempre válida como Lei do Senhor (cf. 1Cr 16,4; 2Cr 31,3) e de Moisés (cf. 2Cr 23,18; 30,16) e imutável. Essas ideias produziram um profundo isolamento do povo em relação aos outros povos que não eram descendentes dos escolhidos por Deus.

Foram os sacerdotes e levitas do pós-exílio que fundamentaram e organizaram a religião que conhecemos como *Judaísmo*, perdurando até a destruição do Templo no ano 70 d.C, quando foi alvo de nova reorganização.

A obra cronista são os únicos livros históricos que apresentam com mais detalhes as dificuldades do Povo de Deus em reconstruir as estruturas de sua fé no período pós-exílico. Seus autores resolveram recontar nela não somente a história recente (depois da volta da Babilônia), mas também a história antiga, desde o início. De forma geral, os livros da obra cronista podem ser assim divididos:

1Cr 1–9 – De Adão até Saul (listas genealógicas).

1Cr 10–29 – Morte de Saul e transição para Davi.

2Cr 1–9 – A história de Salomão,

2Cr 10–36 – Da cisão do reino (revolta das dez tribos) até o fim do exílio.

Esd 1–6 – Organização do povo até a construção do Templo.

Esd 7; Ne 13 – Outras reformas para a consolidação do povo e da religião, por obra de Esdras e Neemias.

Os livros das Crônicas

O conteúdo dos dois livros das Crônicas[12] é praticamente o mesmo dos livros de Samuel e Reis, apresentando, no entanto, detalhes diferentes e até algumas correções. O primeiro livro das Crônicas inicia-se com uma síntese de toda a história de Israel, encabeçada por Adão, e o segundo livro das

---

[12] Estes dois livros de Crônicas são agrupados diferentemente na Bíblia hebraica dos judeus, onde estão depois dos livros de Daniel, Esdras e Neemias. Já nas Bíblia grega da LXX e na Vulgata, são encontrados entre os livros dos Reis e Esdras.

Crônicas termina com a narração da queda da Cidade Santa, Jerusalém, nas mãos dos Babilônios, em 586 a.C. Os acontecimentos retratados nesses dois livros foram selecionados para se tirarem *lições* para o novo momento de reconstrução dos pilares do Povo de Deus, no pós-exílio.

Os cronistas tinham consciência de que a história vivida até o exílio da Babilônia, com seus fatos negativos e positivos, tinha muito a ensinar naquele novo momento. Durante o exílio na Babilônia, o contato com o novo mundo pluralista e diferente dos pagãos ajudou os escribas, sacerdotes e levitas a refletirem sobre sua própria realidade. Por isso, o conteúdo desses dois livros não é considerado uma mera repetição da história já conhecida.

Especial atenção foi dada à história de Davi e seu reinado. Após a primeira parte (1Cr 1-9), onde foi agrupada uma extensa lista de genealogias, os autores se debruçam sobre a história do grande rei Davi com todas as suas façanhas, destacando os fatos da reorganização cultual do Povo de Deus (cf. 1Cr 10-29,30). Davi é o principal protagonista dos livros, colocado como modelo perfeito do judeu que busca sempre cumprir a vontade de Deus, seja no campo político como particularmente no campo religioso, onde, em alguns momentos, é apresentado quase como um sacerdote. Nesse caso, muitos fatos conhecidos dos livros de Samuel e Reis são simplesmente omitidos,[13] ou recontados com novo enfoque;[14] há fatos que não aparecem em outros livros.[15]

O sucessor de Davi, seu filho Salomão, tem sua história contada quase que na dependência de Davi ou ligada a ele. O mandato de Salomão para construir o Templo (cf. 2Cr 1-9) é apresentado como conclusão de um projeto idealizado e iniciado por Davi; seu filho é mencionado como executor

---

[13] Os autores nada mencionam sobre as falhas do rei Davi apresentadas nos livros dos Reis: desavenças com Saul, a cobiça pela mulher de Urias, as intrigas familiares sobre a sucessão e as revoltas de seus generais. Até mesmo um erro sério de Davi durante seu governo foi omitido. Davi fez um recenseamento do povo, que em 2Sm 24,1 é mencionado como sendo por iniciativa de Deus; o mesmo fato é tido em 1Cr 21,1 como incitação de satanás.

[14] As modificações são, em geral, inspiradas por uma intuição teológica mais apurada: em 2Sm 24,1 Javé-Deus induziu Davi a recensear Israel, ao passo que em 1Cr 21,1 a ação foi instigada por satã; 1Cr 17,11-14 adapta habilmente o oráculo dinástico de 2Sm 7,12-16 para se enquadrar no estágio posterior da expectativa messiânica.

[15] Há referências que somente o 2Cr apresenta: o piedoso discurso de Abdias (13,5-12), o esquecimento de Deus por parte de Asa (16,12), as alianças insensatas de Josafá (20,35), a lepra de Uzias (26,16-21), o cativeiro e a libertação de Manassés (33,11-13).

da obra. A história depois de Salomão é relatada de uma forma bem tendenciosa, pois são mencionados somente os reis do antigo reino de Judá (descendentes de Davi), distinguindo os bons monarcas (Davi, Salomão, Ezequiel e Josias) dos maus, que foram infiéis e conduziram o Povo de Deus à idolatria e ao abandono do Deus verdadeiro (cf. 2Cr 10–36,16). O 2Cr termina com um sumário, colocando-se nele tanto os momentos finais antes da deportação à Babilônia, como o retorno dos desterrados a Jerusalém (cf. 2Cr 36,17-23).

Esses dois escritos procuram contar a história já conhecida de todos, mas com a intenção de reforçar a ideia de que somente os que cumprem os mandamentos de Deus é que são abençoados, sejam reis ou qualquer indivíduo do Povo de Deus. Como se precisava definir quem continuava pertencendo ao Povo de Deus no pós-exílio, estabeleceu-se que os descendentes do reino do Sul, Judá, é que mereciam a hereditariedade do Povo de Deus. Dessa forma, somente os fatos ligados a esse reino e a seu povo foram relatados nesses livros. Davi é o modelo do fiel que deposita toda a sua esperança e segurança nas mãos de Deus e, por isso, torna-se o maior rei que o Povo de Deus conheceu.

Além de Davi e seus descendentes, os autores demonstram especial interesse pela Arca da Aliança, pelo culto em Jerusalém (cf. 1Cr 13; 15–16), pela construção do Templo e por todos aqueles que estavam ligados às suas funções: levitas, classes sacerdotais, cantores e porteiros (cf. 1Cr 21–28).

Os livros das Crônicas podem ser divididos em:

1. 1Cr 1–9 – *De Adão até Saul* (listas genealógicas). Mostra a origem de tudo, iniciando com Adão e chegando ao rei Saul; demonstra maior interesse pela tribo de Judá, da qual descende Davi.

2. 1Cr 10–29 – *Morte de Saul e trajetória de Davi*. Comenta com mais detalhes a trajetória de Davi até ser entronizado rei do reino unido de Israel. Os fatos foram escolhidos para mostrar o rei Davi quase como um profeta que agiu sempre em nome de Deus, omitindo vários fatos negativos, conhecidos pelos livros de Samuel e Reis.

3. 2Cr 1–9 – *Salomão*. Boa parte da história do herdeiro do trono de Davi está relacionada com o Templo de Jerusalém: os sacrifícios desse rei em Gibeom e sua sábia eleição (cf. cap. 1); a construção do Templo (caps. 2–4); a glória do Senhor enche a casa (cap. 5); a oração de Salomão na

dedicação do Templo (cap. 6); o Senhor aparece de novo a Salomão de noite (cap. 7); a prosperidade e a fama de Salomão (cap. 8); a visita da rainha de Sabá e a morte de Salomão (cap. 9).

4. 2Cr 10–36 – *Da cisão do reino (apostasia das dez tribos) até o fim do exílio*. Os autores sagrados mostram que os descendentes de Davi não agiram com sensatez e santidade. Nesse bloco relatam-se a insensatez de Roboão, que causou a divisão do reino (cap. 10); a história de vários reinados desde Roboão até Zedequias: Abdias (cap. 13), Asa (caps. 14–16), Josafá (caps. 17–20), Jorão (cap. 21), Acazias (22,1-9); Atalia, rainha (22,10–23,15), Joás (cap. 24), Amazias (cap. 25), Uzias (cap. 26), Jotão (cap. 27), Acaz (cap. 28), Ezequias (caps. 29–32), Manassés (33,1-20), Amom (33,21-25), Josias (caps. 34–35), Jeoacaz (36,1-3), Jeoiaquim (36,4-8), Joaquim (36,9-10), Zedequias (36,11-13).

Os livros de Esdras e Neemias

Esses dois livros[16] possuem uma importância singular dentro do conjunto dos livros do AT, pois são os únicos testemunhos preservados pelo Povo de Deus que relatam a reocupação da terra do Povo de Deus no pós-exílio. Um momento decisivo para a história! Surpreende-nos que tenha sido preservado somente nesses dois escritos que retratam a história de 539 a.C. a 331 a.C. Período difícil, de instalação e redefinição das bases da fé israelita, que passa a ser nomeada no pós-exílio como fé judaica (judaísmo).

Os livros retratam, desde o início, a saída das primeiras caravanas da Babilônia e sua chegada à Terra Santa. Mas a história de quase dois séculos se resume praticamente na de dois personagens principais: Esdras, o escriba, e Neemias, o governador. Neemias é lembrado como o responsável pela restauração política e social do povo, e Esdras atuou na reconstrução moral e religiosa. Tal obra reformadora parece situar-se entre os anos 445 a 398 a.C.

O 2Cr termina sua história com a invasão dos babilônios. Os livros de Esdras e Neemias iniciam a história com o edito do rei Ciro, que havia dominado a Babilônia e todo o seu império. O rei persa simplesmente

---

[16] Ver nota 5.

permitiu a volta do povo para a terra de seus pais; teria até se comovido e ajudado na reconstrução da cidade de Jerusalém.

Em sintonia com os livros das Crônicas, Esdras e Neemias apresentam os mesmos grandes temas: o Templo, a cidade de Jerusalém e a comunidade do povo escolhido. A primeira preocupação do povo que acabara de chegar da Babilônia foi a reconstrução do Templo (cf. Esd 1,2), expressão máxima e lugar por excelência da presença de Deus no meio do povo, através dos cultos, dos sacrifícios e das ofertas. Diretamente ligados ao Templo estavam aqueles que serviam a Deus e representavam o povo: os sacerdotes, os objetos de culto, as oferendas (cf. Esd 1,9-11; 2,68-69). Por isso, o altar foi reerguido por primeiro para se oferecerem sobre ele os sacrifícios a Deus (cf. Esd 3,1-7). Dedicaram-se em seguida a colocar os alicerces para a construção do Templo em torno do altar, o que aconteceu em 515 a.C., com muita festa e alegria (cf. Esd 3,1ss; Ag 2,1-9).

A segunda preocupação dos ex-deportados foi a reconstrução da Cidade Santa, Jerusalém, destruída por Nabucodonosor em 587 a.C., principalmente suas muralhas e portas. É aqui que entra em cena Neemias, que trabalhava na corte, junto ao rei. Pediu autorização ao monarca persa para reconstruir as muralhas da cidade. No decorrer da reconstrução, encontrou resistência, perseguição, traição e emboscadas, mas finalizou com êxito a obra.

Reerguidas as bases da fé judaica, a terceira preocupação dos reformadores dizia respeito ao povo. Antes do exílio, sabia-se muito bem quem fazia parte do povo escolhido (os que permaneceram fiéis e os descendentes das tribos de Judá), mas com sua deportação não somente estrangeiros vieram morar nas terras do antigo Israel, como também aconteceram casamentos de judeus com esses estrangeiros. Diante de um Deus Santo, com o Templo e a Cidade Santa reconstruídos, era preciso definir quem poderia observar rigorosamente a lei de Deus, participar das festas, circuncidar-se, observar o sábado e oferecer os dízimos destinados aos sacerdotes e ao culto (cf. Ne 10; 12; 13,12). Assim, a solução a que chegaram foi a de fazer pesquisas para identificar os descendentes do Povo de Deus; se estivessem casados com mulheres estrangeiras e quisessem continuar pertencendo ao Povo de Deus e participar dos seus ritos e festas, teriam de largar suas mulheres e filhos (cf. Esd 10; Ne 13,23-30). No meio do povo santo não poderia haver desigualdades; por isso, promoveram-se também profundas reformas sociais (cf. Ne 5).

Os dois livros de Esdras e Neemias possuem um conteúdo semelhante e não foram escritos para retratar a sequência de dois momentos da história, como se pode observar.

ESDRAS	NEEMIAS
A – Retorno dos judeus e reconstrução do Templo (1,1–6,22)	A – Neemias e a reorganização de Jerusalém (1–7)
– Edito de Ciro (1,1-11)	– Neemias, credenciais e retorno a Jerusalém (1,1–2,20)
– Listas dos repatriados (2,1-70)	
– Restabelecimento do culto: Josué e Zorobabel (3,1-13)	– Lista das obras e obreiros da muralha (3,1-32)
– Primeiras dificuldades: inimizades e denúncias (4,1-24)	– Dificuldades (3,33–4,5)
– Reconstrução do Templo (5,1-5)	– Defesa de Jerusalém (4,6-17)
– Novas dificuldades e denúncias (5,6–6,13)	– Revoltas sociais (5,1-19)
	– Novas dificuldades (6,1-14)
– Dedicação do Templo (6,14-18)	– Término das obras e lista dos repovoamentos (6,15–7,72)
– Celebração da Páscoa (6,19-22)	
	B – Neemias em Jerusalém (8-10)
B – Esdras e a reforma da comunidade judia (7–10)	– Proclamação da lei (8,1-12)
	– Festa das Tendas (8,13-18)
– Autoridade de Esdras e credenciais (7,1-28)	– Liturgia e orações penitenciais (9,1-37)
– Lista da caravana de Esdras (8,1-20)	– Renovação da Aliança (10,1-40)
– Retorno a Jerusalém (8,21-36)	C – Reorganização da comunidade: final da missão de Neemias (11–12)
– Os matrimônios mistos (9,1–10,44)	– Repovoamento da Judá e Jerusalém (11,1-36)
	– Lista de sacerdotes e levitas sob o comando de Zorobabel (12,1-26)
	– Inauguração da muralha (12,27-43)
	– Dízimos e primícias (12,44-47)
	D – Segunda missão de Neemias (13)
	– Problemas em Jerusalém (13,1-6a)
	– Regresso de Neemias e reformas (13,6b-31)

Apesar da grande preocupação de fundamentar suas escolhas e posicionamentos, os autores desses dois livros cometeram algumas imprecisões em relação à datação de certos fatos sobre autoridades persas,[17] caravanas, listas religiosas etc. Contudo, sabe-se que eles não tinham todas as informações nem os instrumentos atuais para afirmar com precisão tais fatos.

Linha do tempo para o período de Esdras e Neemias.

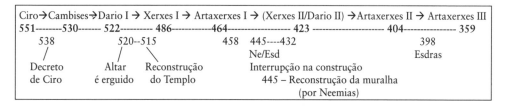

538-520 a.C. – As primeiras caravanas dos repatriados do exílio chegam a Jerusalém. Esse primeiro grupo é conduzido por Sasabassar, chamado de *príncipe de Judá*. Ele restaura o altar dos holocaustos e lança os alicerces do Templo (Esd 1,1–3,13).

520-515 a.C. – A reconstrução do Templo foi encorajada também pelos profetas Ageu e Zacarias (cf. Esd 5,1; cf. Ag 1–2; Zc 2,5-17); com Zorobabel completou-se a reconstrução e se fez sua consagração (cf. Esd 5,1–6,22).

515-445 a.C. – Surgem as primeiras oposições por parte dos samaritanos, que conseguem impedir a restauração das fortificações sob o reinado de Xerxes I (486-465 a.C.) e Artaxerxes I (165-424 a.C.) (cf. Esd 4,6-23).

445 a.C. (20º ano de Artaxerxes I) – Entra em cena Neemias na sua primeira missão. Com ele as muralhas são reconstruídas e as fortificações são consagradas (cf. Ne 1,1-4.17; 6,1-7–3a; 11,1-20.25a; 12,27-32.37-40.43).

433 a.C. (31º ano de Artaxerxes I) – Depois de governar por doze anos (cf. Ne 5,14), Neemias regressou a Susa. Mas retornou para uma segunda missão antes da morte de Artaxerxes (424 a.C.), talvez durante a missão de Esdras (cf. Ne 13,4-31).

428 a.C. (37º ano de Artaxerxes I) – O sacerdote Esdras chegou para ajudar na organização da vida religiosa (cf. Esd 7,1–8,36). Solenemente ele leu

---

[17] Difícil afirmar com segurança qual era o imperador no período de Esdras e Neemias; ao menos dois reis poderiam ser: Artaxerxes I ou Artaxerxes II, pois ambos governaram por mais de uma década, e Esdras e Neemias governaram por 12 anos. O mais provável é que tenha sido Artaxerxes I (baseando-se no testemunho do papiro Elefantina – Egito 311 a.C.).

a Lei para o povo durante uma grande celebração (cf. Ne 8,6-12) da festa dos Tabernáculos (cf. Ne 8,13-18). Para purificar o povo, tentou suprimir os casamentos mistos (cf. Esd 9–10).

O livro de Neemias pode ser dividido em cinco partes:

1. *Neemias é enviado a Jerusalém* (1,1–2,20) – Neemias entristeceu-se com os relatos de Hanani, tomando conhecimento dos grandes apuros dos judeus de Jerusalém, na construção da muralha e dos portões. Jejuou e rezou: "Deus dos céus, o Deus grande e atemorizante, guardando o pacto e a benevolência para com os que o amam e que guardam os seus mandamentos" (1,5). Reconheceu os pecados de Israel e pediu a Deus que se lembrasse do que prometera a Moisés (cf. Dt 30,1-10). O rei percebeu a aflição de Neemias e lhe perguntou sobre o motivo de sua tristeza. Neemias lhe contou a situação de Jerusalém e pediu permissão para voltar e reconstruir a cidade e sua muralha. Seu pedido foi atendido e tão logo chegou fez uma inspeção noturna na muralha da cidade. Convocou o povo para a reconstrução dizendo: "Levantemo-nos, e temos de construir" (Ne 2,18). Os vizinhos samaritanos, vendo a empreitada de Neemias e do povo, começaram a zombar e escarnecer de todos.

2. *A muralha é reconstruída* (3,1–6,19) – A reconstrução da muralha começou no terceiro dia do quinto mês e todos participaram: sacerdotes, príncipes, povo. Os portões da cidade e as muralhas foram consertados rapidamente. Sambalá (horonita) zombou de todos: "Que fazem estes judeus decrépitos? [...] Acabarão num dia?". O mesmo fez Tobias (amonita): "Mesmo aquilo que estão construindo, se uma raposa subisse contra aquilo, certamente derrocaria a sua muralha de pedras" (4,3). Mas logo a muralha atingiu a metade de sua altura, deixando os adversários furiosos. Em contrapartida, Neemias exortava o povo a lembrar-se de "Deus, o Grande e o Atemorizante" e a lutar por suas famílias (cf. 4,14). Para dar andamento ao trabalho, alguns ficavam de guarda com lanças, e outros trabalhavam com a espada sobre o quadril (cf. 4,18). Tentaram preparar uma armadilha para Neemias, convidando-o para uma conferência, mas ele não aceitou dizendo que não podia largar o trabalho de reconstrução da cidade. Apelaram para rei, e Neemias foi acusado por Sambalá de rebelião e de planejar fazer-se rei de Judá. Mas, apesar de tudo, a muralha foi concluída "em cinquenta e dois dias" (cf. Ne 6,15).

3. *Instruindo o povo* (7,1–12,26) – Orientado por Deus, Neemias reuniu os nobres e todo o povo, a fim de registrá-los genealogicamente. Em seguida, convocou uma assembleia de oito dias na praça pública, junto ao Portão das Águas. Sobre um estrado de madeira, ele leu o livro da Lei de Moisés, desde o amanhecer até o meio-dia. Todos foram orientados a festejar e a se regozijar: "O regozijo do Senhor Deus é o vosso baluarte" (8,10). No segundo dia da assembleia, os principais do povo se reuniram com Esdras para se inteirarem da Lei. Descobriram então que a Festividade das Tendas ficara esquecida. "A comunidade inteira fez tendas e nelas acampou" (Ne 8,17). Durou sete dias. No oitavo dia foi realizada uma assembleia solene, "segundo a regra" (Ne 8,17-18; Lv 23,33-36). Depois de fazer jejum e penitência, os israelitas confessaram os próprios pecados e os de seus antepassados e pediram a bênção de Deus. Assumiram compromissos, entre os quais o de abster-se de formar alianças matrimoniais com estrangeiros, guardar os sábados e manter o serviço do Templo e seus trabalhadores. Uma pessoa de cada dez seria selecionada por sorte para residir permanentemente em Jerusalém, dentro das muralhas.

4. *A dedicação da muralha* (12,27–13,3) – A dedicação da recém-construída muralha aconteceu em meio a festas, cantos, procissões com duas alas, cada qual contornando as muralhas por um lado. "Ouvia-se ao longe o barulho da festa em Jerusalém" (Ne 12,43).

5. *Purificação da impureza* (13,4-31) – Neemias teria partido para Susa e depois retornado a Jerusalém. Descobriu, então, que o povo não perseverou nos compromissos assumidos. O próprio sumo sacerdote Eliasibe chegou a fazer um refeitório no pátio do Templo para Tobias, amonita, que era inimigo do Povo de Deus. Neemias destruiu tudo e purificou o ambiente. As contribuições materiais para os levitas foram também esquecidas, de modo que eles tinham de abandonar seus ofícios religiosos para trabalhar e ganhar a vida. Pior: o sábado não era guardado. Neemias disse ao povo: "Acrescentais à ira ardente contra Israel, profanando o sábado" (13,18). Providenciou o fechamento dos portões da cidade, no sábado, para manter fora os negociantes. Muitos dos judeus teriam se esposado com estrangeiras pagãs e moravam dentro da cidade. Neemias constatou que não mais se falava o idioma judaico. Promoveu então a purificação do povo e até de sacerdotes, que mandou embora, como o neto de Eliasibe, o sumo sacerdote.

Neemias encerrou seu livro com o simples e humilde pedido: "Lembra-te deveras de mim, ó meu Deus, para o bem" (Ne 13,31).

O livro de Esdras pode ser dividido em quatro grupos:

1. *O restante do povo retorna* (1,1–3,6) – Ciro, rei da Pérsia, incitado por Deus, decretou a volta do povo e a retomada da construção do Templo de Deus em Jerusalém. Os judeus que permaneceram na Babilônia, o rei Ciro os convidou a contribuir liberalmente para o projeto.

Na volta do exílio, o monarca persa permitiu aos repatriados que levassem para Jerusalém os utensílios do Templo. Um judeu da tribo real de Judá, Zorobabel, foi nomeado governador para conduzir o povo de volta; acompanhou-o Josué, sumo sacerdote (cf. Esd 1,8; 5,2; Zc 3,1). Essa caravana somava um total de duzentas mil pessoas. No sétimo mês, reuniram-se em Jerusalém para oferecer sacrifícios no altar do Templo e celebrar a Festa das Tendas.

2. *A reconstrução do Templo* (3,7–6,22) – Reunidos os materiais necessários, no segundo ano após o retorno, lançou-se o alicerce do Templo de Deus com muita alegria, em meio ao choro dos idosos que tinham visto o Templo antes da destruição. Os povos vizinhos ofereceram-se para ajudar na construção, mas não foram aceitos, pois os judeus não queriam manter nenhuma aliança com eles. Esses povos procuraram, então, atrapalhar o ritmo das obras, e o conseguiram com o mago Gaumata. De fato, a construção perdurou "até o segundo ano do reinado de Dario, rei da Pérsia". Apareceram os profetas Ageu e Zacarias para incentivar Zorobabel, Josué (cf. 4,4-7,24) e o povo a não abandonar as reconstruções. Mesmo apelando para mentiras junto aos imperadores, os adversários não conseguiram interromper as obras por muito tempo. Dario I, tomando conhecimento do decreto do rei Ciro, ordenou aos judeus que continuassem a construção sem interferência, após vinte anos do seu início (cf. 6,14-15). A inauguração aconteceu com grande alegria e oferta de sacrifícios, durante a celebração da Páscoa: "Por sete dias celebraram com alegria a festividade dos pães não fermentados" (cf. 6,22).

3. *Esdras retorna a Jerusalém* (7,1–8,36) – O copista do rei persa, Esdras, recebeu "tudo o que solicitou" para empreender uma viagem a Jerusalém, a fim de ajudar na reconstrução dos alicerces da religião dos judeus (cf. 7,6). Além da autorização, o rei incentivou outros judeus a acompanhá-lo

e concedeu-lhe os vasos de prata e de ouro para serem usados no Templo. Para ajudar ainda mais, isentou os sacerdotes e os trabalhadores do Templo de pagarem os impostos. Esdras recebeu do rei, ainda, a incumbência de ensinar o povo. Ele cumpriu as ordens e reuniu junto ao rio Aava (cf. 8,1ss) todos os judeus que se dispusessem a deixar a Babilônia, para dar-lhes instruções. Esdras tinha consciência dos perigos da viagem de volta (por causa do tesouro que levavam consigo), mas, confiando em Deus, não pediu escolta ao rei. Proclamou um jejum e pediu a proteção a Deus.

4. *Purificação do sacerdócio* (9,1–10,44) – Os fatos aqui resguardam o tempo após as primeiras reformas e restauração do povo santo. Esdras ficou sabendo que muitos dentre o povo, e também dentre os sacerdotes e os levitas, constituíam alianças matrimoniais com os cananeus pagãos. Tal fato entristeceu Esdras, que rezou a Deus. O povo admitiu o pecado e pediu a Esdras: "Seja forte e aja" (10,4). A solução apresentada foi o divórcio entre os judeus e as esposas estrangeiras.

O livro de Esdras termina informando que a impureza foi eliminada do meio do povo em três meses (cf. 10,10-12.16.17).

Novelas bíblicas: Rute, Jonas, Ester, Tobias e Judite

Segundo muitos estudiosos, as reformas promovidas por Esdras e Neemias provocaram um fechamento do povo, de sua visão da religião e do próprio Deus. Questionando essa posição limitada da ação de Deus, surgiram alguns escritos com um estilo bem conhecido nos dias atuais: *as novelas*. Apresentam um enredo, uma mensagem principal, um drama a ser resolvido, personagens bons e ruins. Esses escritos sagrados, no entanto, são chamados de *novelas bíblicas*. São semelhantes às parábolas contadas por Jesus, nas quais o principal é a mensagem; os personagens são, quase sempre, coadjuvantes anônimos, pessoas e acontecimentos emprestados do cotidiano: semeador, dona de casa, pai de família, filho mais novo, pastor, rei, construtor etc.

Entre outros objetivos, as novelas bíblicas procuram questionar algumas ideias implantadas com as reformas no pós-exílio e na reorganização do povo na Terra de Israel.[18] Procuram resgatar a figura da mulher, da viúva e dos estrangeiros, considerados menos dignos e excluídos no projeto de reconstrução do povo e da religião de Israel. As duas últimas novelas (Tobias e Judite), escritas já no final do AT, provavelmente tinham a finalidade de ajudar os judeus que sofriam perseguição ou se encontravam em um momento de dificuldade. Esses escritos situam suas histórias em cidades e regiões bem conhecidas pelo Povo de Deus.

O livro de Rute

É difícil precisar o momento em que o livro de Rute[19] foi escrito. Alguns estudiosos colocam esse pequeno escrito antes do exílio, porque tem como contexto o período de consolidação das leis tribais. Já outros situam Rute no período pós-exílico, permitindo entender melhor alguns pontos importantes e inovadores que o texto traz: o universalismo (não somente os judeus da Terra Santa é que são importantes e herdeiros das promessas divinas), o sentido do sofrimento e a ideia da retribuição muito enfatizada no tempo da reforma de Esdras e Neemias. Contando a história de uma mulher e, ainda, estrangeira, a mensagem do livro de Rute questiona a postura dos reformadores Neemias e Esdras, que se posicionaram contra o matrimônio de israelitas com mulheres estrangeiras (cf. Ne 13 e Esd 9). Para eles, as estrangeiras somente trouxeram pecado e desviaram o povo do Projeto de Deus. Segundo o autor do livro de Rute, ela é lembrada como exemplo de vida e de confiança em Deus, mesmo sendo mulher estrangeira. O livro lembra ainda que Rute, uma moabita, viúva e pobre, foi avó do grande rei Davi (cf. Mt 1,5). Pode não ter sido intencional, mas é nítido o contraste dessa novela bíblica com o momento do Povo de Deus no pós-exílio, tornando-se, assim, um protesto contra a discriminação da mulher estrangeira.

O livro traz ainda um belo testemunho dos direitos e deveres do resgatador (*go'el*) e a aplicação da lei do levirato, quando uma viúva sem filhos

---

[18] Israel passou a ser o nome adotado pelo povo para nomear seu novo país, fazendo uma referência ao "Israel unido", país organizado pelo grande Rei Davi.

[19] Este pequeno livro do AT aparece na Bíblia hebraica no terceiro grupo de livros chamado de *Escritos*. Na Bíblia grega da LXX (séc. III a.C.) e na Vulgata (IV d.C.), foi colocado entre Juízes e Samuel, devido ao seu início: "No tempo em que os juízes governavam" (Rt 1,1).

tinha de ser desposada pelo irmão do falecido; tal obrigação era para que a memória do falecido não fosse esquecida (cf. Gn 38,8).

Os personagens principais possuem nomes com significados que ajudam a entender o enredo do livro: Noemi (minha doçura), Maalon (enfermidade), Quelion (desfalecimento), Orfa (a que volta às costas) e Rute (amiga).

O início do drama da família da judia Noemi e das duas noras estrangeiras dá o tom de toda a história. Moram em terras estrangeiras, mesmo viúvas não perdem a fé e resolvem voltar à terra de Israel. Rute, mesmo não sendo judia, decide permanecer ao lado da sogra Noemi, que não vê nenhum futuro mais para ela, pois é idosa e sem filhos; já suas noras são jovens. Aos poucos Rute vai passando de personagem secundária a protagonista da história. A mensagem final é que Rute, a moabita estrangeira, aceitou o Deus verdadeiro e tornou-se como uma filha de Israel, a ponto de Booz enaltecê-la por suas virtudes e exemplo de fé (cf. Rt 3,10).

O livro de Jonas

O nome *Jonas* na língua hebraica significa *pomba*. Aparece, nas nossas Bíblias, normalmente entre os doze profetas menores, talvez porque o personagem principal é descrito como profeta, mas seu estilo e história ilustram bem o sentido de uma novela.

Jonas recebeu a missão de anunciar a Palavra de Deus ao povo de Nínive, mas recusou-se e pegou o barco para Társis. Diante de uma forte tempestade, foi jogado ao mar, engolido por um grande peixe e vomitado numa praia de Nínive. Mesmo contra a vontade, pregou na cidade, e toda a população se penitenciou e se converteu a Deus. O livro tem a nítida finalidade de mostrar que a Palavra de Deus é tão eficaz entre o Povo de Deus quanto entre os pagãos; por isso não pode permanecer restrita somente aos judeus, mas é destinada a todos os povos. É um protesto claro contra o fechamento proposto pelos reformadores no pós-exílio. Na história, o personagem Jonas expressa esse pensamento: tentou a fuga sem resultado; contra a própria vontade, pregou aos ninivitas e, mesmo diante da conversão deles, não mudou sua posição; até assentou-se no alto da montanha esperando alguma reação de Deus (cf. Jn 4,5). Deus, ao contrário, mostrou-se benevolente e compassivo com todos os que se converteram e se arrependeram de seus pecados. Mesmo em se tratando de Nínive, capital da Assíria, que havia destruído o reino do Norte e, portanto, era tida como inimiga do povo de Israel, a missão determinada por Deus para Israel, através dos profetas, é a de ser testemunha do Senhor e luz das nações (Is 60,1-3).

O livro de Ester

Do livro de Ester chegaram até nós duas versões: uma em hebraico e outra em grego. A versão hebraica tem 167 versículos e a grega tem um acréscimo de mais 93. Nas Bíblias, normalmente, são assinalados os acréscimos dos versículos em grego.

A história básica contada na versão hebraica apresenta Ester com uma beleza tal que a faz chegar ao trono do rei da Pérsia; ele havia destituído sua rainha. Junto ao rei, Ester descobre uma trama armada contra ela e contra os judeus, maquinada pelo primeiro ministro Aman. No ponto alto dos fatos, Ester corajosamente intervém a favor de seus irmãos judeus, desmascarando Aman, que é condenado e enforcado, castigo que ele mesmo havia preparado para Mardoqueu, tio de Ester. Os fatos retratam uma história cujo pano de fundo são banquetes, palácios e poder, de um lado, e de outro, os pobres judeus que poderiam contar somente com a providência divina. Deus age através de Ester, que consegue interceder pelo seu povo.

A mulher, novamente, é colocada como protagonista e, mesmo não se encontrando nas terras de Israel, mas no palácio de um rei pagão, Assuero, é exemplo de fé e piedade judaicas. O livro de Ester deve ter sido significativo e importante para os judeus, que, por muito tempo, viveram subjugados por diferentes reis e impérios (persas, gregos, egípcios, sírios e depois os romanos). Esse livro, entre outras pretensões, tem a de apresentar a origem da festa de Purim ("das sortes"), celebrada ainda hoje pelos judeus, na qual se comemora a derrota de Aman, que pretendia exterminar o povo judeu.

A versão grega[20] preservou: os relatos do sonho de Mardoqueu, a carta de condenação dos judeus, a oração de Mardoqueu e de Ester, a visita de Ester ao rei, a carta de reabilitação dos judeus e a interpretação do sonho de Mardoqueu. É estranho que no texto em hebraico não se mencione ne-

---

[20] Tudo indica que a versão hebraica seja mais antiga, já conhecida por volta de 160 a.C., pois o livro de 2Mc 15,36 menciona o "dia de Mardoqueu", e a tradução grega foi feita por volta do ano 114 a.C.

nhuma vez o nome de Deus; talvez isso justifique posteriores acréscimos em grego, nos quais Deus passa a fazer parte da história que se desenrola com seu povo.

O livro de Tobias

O livro de Tobias consta na Vulgata Latina do século III d.C., traduzida por São Jerônimo do aramaico para o latim. Nas grutas dos essênios de Qumrã, no entanto, foram descobertos fragmentos em aramaico e hebraico desse livro, o que reafirma a existência de um texto original em hebraico.[21] O livro situa sua história no século V a.C., mas sua redação parece ser mais tardia, no século III a.C.

A história contada pelo livro de Tobias segue um estilo em sintonia com uma longa tradição bíblica de narrativas da interação entre Deus e casais ou pessoas piedosas: Abraão e Sara; Isaac e Rebeca; Jacó e Raquel. Não é um livro histórico nem se refere aos grandes acontecimentos da história do Povo de Deus. Ele chega a apresentar algumas imprecisões, pois confunde distâncias e localidades.[22] Mas o autor procura somente utilizar alguns dados e informações para contar sua história, que pode ser dividida em quatro partes:

1. O *prólogo* (Tb 1,3–3,17) – Situa o leitor sobre a vida de Tobit e de sua família, que, segundo o autor, eram exilados. O drama da vida de Tobit consiste, principalmente, em sua condição de indigente. Paralelamente, o autor relata a história de Sara, uma jovem judia piedosa que tivera sete maridos, mas, antes de consumar o matrimônio, foram mortos por um demônio de nome Asmodeu. Duas histórias cercadas de desgraças e tristeza, cujos personagens chegam ao extremo de pensar na morte como solução.

2. Nos capítulos 4–9, Tobias é encarregado por seu pai Tobit de ir à cidade de Ecbátana resgatar certa quantia em dinheiro. Acompanha-o, sem que Tobias soubesse, o anjo Rafael (significa "Deus cura"), que se apresenta com o nome de Azarias (como narra o texto de Gn 24,40). O anjo protetor

---

[21] Tobias também é encontrado nos principais códex: em latim no Vaticano (B), em grego no Alexandrino (A) e em sírio no Sinaítico (S). Conferir introdução da Bíblia de Jerusalém.

[22] Em Tb 5,6, Rages encontra-se nas montanhas e Ecbátana nas planícies (embora esta seja cerca de 1.000 metros mais alta que Rages), e a distância entre essas cidades não é de "dois dias de caminhada", conforme diz o texto, mas de 400 km.

impede que Tobias seja devorado por um peixe e sugere que guarde as vísceras do animal. Em Ecbátana, Tobias conhece e se apaixona por Sara, casa-se com ela e, na noite de núpcias – diferentemente dos outros noivos –, vence o demônio Asmodeu queimando as vísceras do peixe.

3. Nos capítulos 10–13, Tobias, Sara e Rafael voltam para Nínive. Usando fel do mesmo peixe, Tobias cura a cegueira do pai. O anjo Rafael sai de cena após se revelar. Finaliza-se essa parte com o hino de Tobias louvando a Deus pelas suas grandes obras.

4. O epílogo (cap. 14) narra a morte de Tobit com idade avançada; da mesma forma que os grandes homens da história do Povo de Deus, antes de sua morte ele instrui Tobias sobre a observância da Lei.

O livro apresenta, em meio a essa trama familiar, alguns ensinamentos básicos do judaísmo: esmola (cf. Tb 1,17; 2,2-4; 4,7-11), piedade para com os mortos e dignidade de ter uma sepultura (cf. Tb 4,4; 14,12-13), atenção aos peregrinos (1,6; 5,14) e abstenção de alimentos impuros utilizados pelos pagãos (cf. Tb 1,10-12).

O livro de Judite

Tudo indica que o livro de Judite, como o de Tobias, foi escrito em hebraico. Mas para traduzir esse livro para a Vulgata, São Jerônimo teria utilizado textos antigos em latim (*Vetus Latina*) e uma versão em aramaico. Como há certo estímulo à luta, mesmo diante de perseguições, a redação do livro parece pertencer ao período dos Macabeus e de Daniel (fins do século II e início do século I).

A história de Judite segue o enredo comum das novelas bíblicas: uma viúva estrangeira, conhecida por sua piedade e beleza, foi instrumento de Deus para operar libertação para seu povo. Ela se oferece, usando de sua beleza, para se infiltrar no acampamento do general persa, Holofernes, quando este cercou Betúlia, uma cidade judia (segundo o texto, situada junto à estrada que conduz a Jerusalém – Jt 4,6). Uma vez no acampamento, Judite encanta Holofernes com sua beleza; este lhe oferece um banquete. Ela aceita, mas não consome nada do que lhe é oferecido. O general, já bêbado, a introduz em seus aposentos. Com uma coragem desmedida, Judite corta-lhe a cabeça. Ela sai sorrateira e despercebida, levando a cabeça do inimigo do Povo de Deus. Betúlia foi assim libertada, não por um exército e por homens, mas por uma solitária, mas corajosa viúva.

O livro de Judite pode ser dividido em três partes:

1. Jt 1–7 – Holofernes ataca Israel, cercando a cidade de Betúlia, com a ajuda de Moab e Edom.

2. Jt 8–16,20 – Judite intervém a favor do seu povo contra Holofernes.

3. Jt 16,21-25 – Judite oferece a Deus um sacrifício, em memória do marido.

Livros sapienciais I: Jó, Salmos, Provérbios e Cântico dos Cânticos

O contato com a cultura babilônica e, depois, a influência do domínio dos persas fizeram surgir um outro estilo de escritos, os "livros sapienciais",[23] isto é, *livros da sabedoria*. Uma boa parte do conteúdo desses escritos já existia no meio do povo em forma de contos e provérbios. Talvez alguns tiveram sua origem no tempo de Salomão e foram preservados e transmitidos entre as pessoas e contados nos momentos em que se reuniam, como em festas religiosas e matrimônios. De qualquer forma, alguns desses livros que constam em nossas Bíblias foram organizados ou escritos no período que começa com o domínio persa, e posteriormente devem ter sido escritos sob a dominação grega, que apreciava muito esse estilo de literatura.

A coleção de livros sapienciais tem como objetivo mostrar a *sabedoria* do povo judeu. Por sabedoria entendia-se muito mais um conjunto de normas e princípios práticos de vida do que o conjunto de ideias e conhecimentos científicos. Os povos vizinhos de Israel também tinham suas máximas e ditos sapienciais, que eram preservados através de provérbios e contos, como nós hoje temos os nossos, por exemplo: "Água mole em pedra dura, tanto bate até que fura", "O arbusto se desentorta quando é pequeno". A origem dos provérbios em Israel é antiga, e talvez seu momento de maior

---

[23] Em nossas Bíblias, logo após os livros chamados "históricos", encontramos os os *sete livros sapienciais ou didáticos*: Jó (Jó), Salmos (Sl), Provérbios (Pr), Eclesiastes (Ecl, chamado ainda de Qoheleth, "kohelet"), Cântico dos Cânticos (Ct), Sabedoria (Sb) e Eclesiástico (Eclo, chamado também de Sirácida).

divulgação tenha sido na corte dos reis, principalmente no de Salomão, conhecido pela sua sabedoria (cf. 1Rs 5,9-14).

Os ditos sapienciais serviam para orientar os mais jovens sobre como se comportar em diversas situações: em casa e na sociedade, durante as refeições, em lugares públicos, nos tribunais, no comércio (cf. Pr 1,2-6; 10,1.5.16; 11,1; 12,4.11.28; Eclo 10,1-5; 11,7-9.29-34; 13,1-3 etc.). Como a vida do judeu está profundamente marcada pela sua fé, tais provérbios e ditos sapienciais foram associados ao temor de Deus e à vivência dos mandamentos (cf. Pr 1,7; 6,16; Jó 28,28; 32,8 Eclo 1,11-21; 2,6s, 2,26; Sb 7,27 etc).

O livro de Jó

A história do personagem Jó[24] talvez seja uma das mais conhecidas do AT. A expressão "paciência de Jó" (cf. Tg 5,11) é frequentemente utilizada pelo nosso povo.[25] O conteúdo e o enredo desse livro revelam muito mais que uma história de sofrimento e recompensa de um homem. A história de Jó revela um grande questionamento que, por muito tempo, perdurou no meio do povo, pois batia de frente com a ideia de que todo sofrimento e doença eram resultado de algum pecado do indivíduo ou de seus pais,[26] ao passo que a saúde, a prosperidade e a riqueza seriam os sinais de que a pessoa era abençoada por Deus e estava praticando os seus mandamentos (cf. Dt 8,6-18; 28,1–30,20; Sl 33/34,13-15; Pr 3,7.13-18). Essa concepção corresponde à "teologia da prosperidade", que foi reforçada no pós-exílio. Como se explica o sofrimento de um homem reto, justo e piedoso? Por que nem sempre os pecadores e ímpios são castigados com doenças e miséria? O livro de Jó, ao que tudo indica, foi escrito para dar uma resposta ou um posicionamento diante dessas questões.

---

[24] Além deste escrito do AT, Jó é citado em Ez 14,14.20, juntamente com Noé e Daniel.

[25] Quando lemos o livro de Jó, nem sempre o personagem demonstra a resignação que se atribui a ele. Em alguns momentos ele amaldiçoa o dia em que nasceu e até dá ultimatos a Deus diante de sua situação. Tudo isso indica que originalmente havia duas histórias, ou dois personagens, juntadas numa só, formando o livro que temos hoje.

[26] O pensamento de que todo sofrimento e toda doença eram castigos de Deus, porque a pessoa ou seus pais teriam cometido um pecado, perdurou por muito tempo entre os judeus. Até Jesus foi questionado sobre esse assunto quando encontrou um cego de nascença, curando-o (cf. Jo 9,1ss).

A teologia presente no livro de Jó revela que o povo não tinha ainda desenvolvida a ideia da ressurreição e da existência após esta vida (tratadas nos livros de Macabeus e Daniel 12,2, no final do AT); sendo assim achavam que a retribuição pelo bem feito tinha de acontecer nesta vida. Permanecia, no entanto, a questão do sofrimento do justo.[27]

Jó é uma homem reto que, num dia, perde tudo o que tem: bens, família, empregados e, por fim, a saúde (cf. Jó 1,1–2,10). A solução apresentada pelo texto é a de que tudo não passa de mera disputa e estranha aposta entre Deus e satanás, mas tudo sucede com o consentimento de Deus. Ele não é o causador imediato do mal, mas permite a ação de satanás. Esse ponto de vista está coerente com o pensamento do povo de que existe um único princípio que rege tudo, Deus; dele vem tudo: o bem e o mal (cf. Jó 2,10).

Aqui satanás não pode ser identificado com o diabo mencionado no NT, pois o próprio texto apresenta-o como um membro da corte celeste que conversa com Deus e tem a função de testar os homens quanto à retidão de suas vidas.

No desenrolar da história aparecem outros personagens: os três amigos de Jó. Com o intuito de ajudar Jó, os amigos se revesam propondo-lhe uma estranha solução: Jó deveria acusar seus pecados que imaginavam ser graves, brasfemar contra Deus e, assim, ele lhe tiraria a vida e acabaria com o sofrimento. Os três amigos ajudam Jó na prova de paciência e no teste a que estava sendo submetido.

Jó, coerente consigo mesmo e tendo consciência de sua inocência, afirma que nada tem a se acusar perante Deus (cf. Jó 4,1–41,40) e, ao contrário, apela a Deus que o julgue (cf. Jó 31,35s).

Aparece outro personagem na história, um jovem chamado Eliu, que se posiciona como os amigos de Jó, mas procura nova justificativa para o sofrimento: Deus permite o sofrimento dos justos para preservá-lo do orgulho (cf. Jó 32–37).

Depois de um longo silêncio, quase no final do livro, finalmente Deus se manifesta e impõe a todos o silêncio (a Jó e a seus amigos), pois ninguém é capaz de saber e entender os desígnios de Deus. A sabedoria de Deus, por

---

[27] Jó não foi o único livro que apresentou essa questão; outros textos do AT também abordam esse assunto: Jr 12,1-6; Sl 76(77); Ml 3,14-16; Ecl 7,15s; 8,14.

vezes, é inacessível e o homem é limitado demais para entender os planos de Deus (cf. Jó 38–41). Jó reconhece sua pequenez diante de Deus e sua incapacidade de entender tudo o que se passa com ele (cf. Jó 42,1-6). Por fim, diante desse gesto nobre e humilde de Jó, Deus o recompensa, restituindo-lhe tudo: a saúde e os bens materiais (cf. Jó 42,7-17).

A mensagem principal encontra-se no final: a incapacidade do homem de entender tudo o que Deus faz; sendo assim, a pergunta inicial – por que os justos sofrem? – continua sem resposta, mas conclama a todos para uma postura comum: a convicção de que Deus sabe o que faz.

Observando o contexto do livro, é nítido que satanás, na história de Jó, é um simples personagem que compõe a corte celeste; sua missão é a de ser *adversário*, não de Deus (que conversa com ele com tranquilidade), mas dos homens. Não se deve confundir a figura de satanás deste escrito com a do diabo ou demônio, que, posteriormente, representam o mal na Bíblia.[28] Essa ideia simples de *satanás* testemunha a origem antiga da história de Jó, quando Deus era concebido como princípio único de tudo, tanto do bem quanto do mal. Mas a forma atual do escrito é posterior ao exílio da Babilônia.

O livro de Jó pode ser dividido da seguinte forma:

1. Jó 1,1–3,1 – Prólogo: Relata a história principal do livro e a origem de todos os problemas de Jó. Mesmo sendo um homem piedoso e justo, perde todos os seus bens e familiares, e é atingido por uma doença muito grave (lepra). Aqui é apresentada a disputa entre Deus e satanás.

---

[28] Temos na Sagrada Escritura alguns nomes para personificar o mal: Antiga Serpente, Satanás (ou Satã), diabo, demônio e, no Apocalipse, dragão e as duas bestas. No texto do Apocalipse, 12,9ss, em que aparecem alguns desses nomes, o autor demonstra que todos são uma só realidade do mal, que esteve presente desde a origem do mundo. No paraíso, o mal aparece camuflado de simples *serpente* (cf. Gn 3,1ss) e, no Apocalipse, é um horrível dragão. Os outros nomes têm ocorrências diferentes na Bíblia. *Satanás* ocorre diversas vezes no livro de Jó (também em 1Cr 21,1, duas vezes em Zc 3,1.2 e frequentemente no NT). É traduzido da palavra (*Satan*) e empregado, normalmente, com o sentido de *adversário*. Realmente tem a função de adversário, opositor dos homens e de Deus. Já o nome *diabo* (Διάβολος) é desconhecido no AT (é uma palavra grega), mas aparece com frequência no NT, e representa, como o próprio nome diz, *divisão* e *separação*. A palavra *demônio* tem poucas ocorrências no AT (Dt 32,17; Sl 106,37), e sua raiz etimológica tem somente as vogais diferentes de uma outra palavra que significa *destruição, ruínas*), mas é abundante no NT (43 vezes no plural e 19 vezes no singular).

2. Jó 3–31 – Vários diálogos entre Jó e seus amigos Elifaz, Baldad e Sofar; repete-se sempre o mesmo esquema: um amigo discursa e Jó lhe dá uma resposta.

3. Jó 32–37 – Entra na história outro personagem, Eliú, com seus discursos.

4. Jó 38–39 – Por fim, Deus responde com discursos, desencadeando a submissão de Jó (41ss).

5. Jó 40,6–41,34 – Mais um discurso de Deus, e Jó se arrepende de tudo o que disse (42,1-6).

6. Jó 42,7-16 – Epílogo. Deus pronuncia o seu julgamento no debate com Jó e lhe restitui o dobro de seus bens.

O livro dos Salmos

Salmo é uma palavra grega (*psallein*) que significa *cantar hino* acompanhado de instrumentos de cordas, que se chamava *psaltérion*. Hoje a palavra *saltério* é aplicada à coleção de 150 salmos de nossas Bíblias. Procurando guardar antigas tradições de organização dos salmos (hebraico, grego da LXX e latino), as nossas Bíblias expõem a numeração dos salmos que segue:

Texto hebraico	Setenta (grego) e Vulgata (latim)
1-8	*1-8*
9-10	9
11-113	10-112
114-115	113
116,1-9	114
116,10-19	115
117-146	116-145
147,1-11	146
147,12-20	147
148-150	148-150

As divergências na organização deve-se, ao longo da história, ao uso litúrgico, às anotações musicais nos textos, aos erros de copistas etc. Por isso, alguns salmos aparecem duas vezes na coletânea grega: Sl 13 = Sl 52; Sl 69 = Sl 39,14-18; Sl 107 = Sl 56,8-12 + Sl 59,6-14. Quando os salmos foram organizados em uma única obra, por um escritor sagrado, foram agrupados em cinco livros ou coleções: 1–41; 42–72; 73–89; 90–106; 107–150. É possivel perceber essa divisão, pois o último salmo de cada um dos quatro livros termina com uma doxologia (glória) a Deus; o Sl 150 é um hino de louvor que marca o final de todo o saltério.

Os salmos eram usados para celebrar e para manifestar o estado de espírito do fiel judeu, em diversos momentos e circunstâncias. Revelam estado de ânimo, desolação, adoração, louvor, perseguição, confiança, saudades do Templo, confissão dos pecados, alegria e tristeza. Eram cantados quer em momentos individuais de oração, quer em momentos comuns e diários (refeições, casamentos), ou comunitários e festivos. Por isso, os salmos podem ser agrupados em dez categorias:

Súplicas – Geralmente são feitas pedindo o fim de alguma calamidade causada pela hostilidade dos estrangeiros, diante da infidelidade dos companheiros, durante o exílio [cf. Sl 43(44); 73(74); 79(80); 137(138)], em perigo de morte, em doenças, perseguições, pecados [cf. Sl 3; 5; 6; 7; 16(17); 21(22)].

Lamentações – Revelam o estado de espírito desolador perante a indigência do orante e a perversidade do inimigo: Sl 12(13); 37(38); 76(77); 87(88); 88(89); 39-52.

Imprecações – São súplicas dos salmistas que desejam mal aos inimigos: Sl 34(35); 51(52); 58(59); 108(109). Preces um tanto estranhas à primeira vista, mas compreensíveis, pois o salmista coloca-se como defensor da causa divina e contra os inimigos, adversários de Deus.

Orações de confiança e esperança – Sl 4; 10(11); 13(14); 15(16); 22(23); 26(27); 61(62).

Ações de graças – Manifestam a intervenção divina em favor do suplicante. Começa normalmente com louvor a Deus salvador, depois descreve o perigo enfrentado e termina com novos louvores: Sl 9,1-21; 29(30); 31(32); 33(34); 39(40); 65(66); 117(118).

Hinos – Exaltam a grandeza de Deus em toda a sua criação ou nos acontecimentos da história. Há *hinos cósmicos* [Sl 8; 18(19),1-7; 28(29); 64(65);

103(104)], *hinos históricos* [Sl 67(68); 104(105); 105(106); 113(114)], *hinos didáticos* (ensinamentos) [Sl 32(33); 91(92); 110(111)] e *hinos mistos* [Sl 102(103); 112(113); 134(135); 135(136)].

Louvores à realeza de Deus – Cantados na festa de entronização de Deus ou na renovação da Aliança com Deus, no início da primavera: Sl 46(47); 92(93); 95(96); 96(97); 98(99); 99(100).

Oráculos messiânicos – Ligados ao rei Davi (e sua descendência), prometido como o Messias. São orações do próprio rei [Sl 17(18); 100(101); 143(144)], ou a seu favor [Sl 19(20); 20(21); 71(72); 88(89)]; ou em louvor pelos seus feitos [Sl 2; 44(45); 109(110); 131(132)].

Cânticos de Sion – Louvam a Cidade Santa de Jerusalém, nos seus aspectos históricos e geográficos: Sl 23(24); 45(46); 47(48); 75(76); 83(84).

Cantos didáticos – Trazem diversos ensinamentos e reflexões sapienciais: Sl 14(15); 49(50); 77(78); 111(112); 118(119); 138(139).

Sobre os autores dos Salmos, alguns possivelmente foram compostos por Davi, segundo a própria Bíblia (cf. At 1,16.20; 2,25s; 4,25; Rm 4,6-8; Mt 22,43s), mas ele não seria o único, pois muitos salmos trazem outros nomes como autores: Asaf, Emã, Etã, os filhos de Coré, Moisés [cf. Sl 38(39); 41–48 (42–49); 49(50)]. Observando a estrutura de alguns salmos, é possível afirmar que foram escritos no período pós-exílico (587-538 a.C.).

O livro dos Provérbios

O livro dos Provérbios[29] é o que melhor representa o grupo de escritos denominados sapienciais (sabedoria). A redação final, realizada por um judeu depois do exílio, revela uma coletânea ampla e diversificada com normas e ditos desde o tempo dos reis (século X a.C.) até o período do domínio dos persas (séculos IV/III a.C.).

O título revela muito bem o conteúdo do livro. São provérbios, sentenças, normas e admoestações usados para orientar a vida do fiel judeu, desde o plano individual até o campo social. Diferentemente de outros textos conhecidos, o livro dos Provérbios regula toda a vida e sabedoria do fiel

---

[29] O nome *Provérbios* é uma tradução do hebraico *Meschatim*, que significa "sentenças, máximas, normas".

sob a condição do temor de Deus, princípio da verdadeira sabedoria (cf. Pr 15,16.33; 16,6; 22,4)

Como no livro dos Salmos, alguns agrupam os provérbios em cinco coleções, outros em nove, cada uma delas com um título independente (cf. Pr 1,1; 10,1; 22,17; 24,23; 25,1; 30,1; 30,15; 31,1; 31,10). Como no saltério, ao agrupar as coleções preexistentes e independentes entre si, é possível observar algumas repetições (cf. Pr 10,1 // 15,20; 10,2b // 11,4b; 10,6b // 10,11b; 10,13b // 19,29b).

Pr 1,1–9,18 – *Provérbios de Salomão, filho de Davi, rei de Israel*. Apresenta: um convite feito pelo pai ao filho para adquirir a sabedoria e pela própria Sabedoria personificada (cf. Pr 1,10-19; 2,1-22; 4,1-27; 6,20-35); conselhos sobre a mulher alheia e o adultério (Pr 2,16-19; 5,1-23; 6,20-35; 7,1-27).

Pr 10,1–22,16 – *Provérbios de Salomão*. Essa coleção contém 375 sentenças sem uma organização determinada, cuja origem remonta ao tempo do reinado de Salomão (961-922 a.C.). Segundo uma remota tradição, esse rei foi autor de três mil sentenças (cf. lRs 5,12). Como se vê, são os provérbios de Salomão, por ser a coleção com maior número de sentenças, que levaram a associar o livro dos Provérbios a esse rei (cf. "Provérbios de Salomão" em Pr 1,1).

Pr 22,17–24,22 – Leva o título de *Sentenças dos sábios* e consta de conselhos sobre os deveres de cada um em relação ao próximo e de regras de temperança. São situados no tempo do pré-exílio.

Pr 24,23–24,34 – São máximas denominadas *sentenças do sábio*; sublinham a importância da disposição em relação à preguiça, que deve ser evitada.

Pr 25–29 – *Provérbios aplicados a Salomão*, mas recolhidos no tempo do rei Ezequias. Normalmente são situados no tempo desse rei de Judá (700 a.C).

Pr 30 – *Sentenças de Agur, filho de Jaque*. Uma coletânea com várias perguntas retóricas (perguntas para provocar um debate). As sentenças de Agur (Pr 30,1-14) e de Lamuel (Pr 31,1-9) são atribuídas a sábios da cidade de Massa, ao norte da Arábia (cf. Gn 25,14). Nesse caso, mesmo não sendo israelitas seus autores, foram incorporados ao livro dos Provérbios.

Pr 31 – *Palavras de Samuel, rei de Massa*, coletadas por sua mãe. São conselhos para o rei (31,1-9) e elogios para a mulher sábia (31,10-31). Coletânea difícil de ser datada.

O livro do Cântico dos Cânticos

Esse livro pode ser encontrado em algumas Bíblias também como *Cantares dos cantares*. No início do livro encontra-se seu título, que em hebraico está no superlativo e significa: "*O canto por excelência* de Salomão" (Ct 1,1). O livro discorre sobre o amor de um homem, mencionado como sendo Salomão (cf. 1,5; 3,7.9.11; 8,11.12), por uma jovem chamada de *a Sulamita* (cf. 7,1), guardiã de vinhas e pastora (cf. 1,6s).

Esse pequeno escrito não tem como personagem principal Deus, nem contém algo sobre histórias e fatos conhecidos no AT. Ao contrário, tudo se resume no amor apaixonado e quase erótico de um casal. Para estranheza maior, Deus nem é lembrado ou citado no texto. O livro apresenta as peripécias no relacionamento de um casal; as situações se misturam entre momentos de alegria e encontro e momentos de tristeza e perda do(a) amado(a). O tema principal é o amor entre o homem e a mulher, que vai desde o primeiro despontar até a união nupcial.

O amor apaixonado entre o casal com situações muito particulares de desejo e sentimentos, longe de ser considerado como algo impuro e pecaminoso, era visto como algo normal e pertencente à realidade criadora de Deus. Amar e desejar o outro ou a outra pessoa amada é ser coerente com a vontade de Deus.

Mas por que esse livro foi preservado e em nenhum momento da composição dos livros do AT foi questionada sua canonicidade? Muitas são as respostas e até o momento não se tem uma posição que seja unânime entre os estudiosos da Bíblia.

• Há quem julgue ser uma história de amor e paixão entre o rei Salomão e uma jovem sulamita ou sunamita. O nome *Sunem* ou *Sulam* pode referir-se à cidade próxima de Gelboé (cf. 1Sm 28,4) e do Monte Carmelo (cf. 2Rs 4,25), ou à jovem Abisag de Sunam, introduzida na corte do rei Davi (cf. 1Rs 1,3; 2,21s). Alguns ainda lembram que *sulamita* é a forma feminina hebraica do nome Salomão (em hebraico *Shelomoh*), o que não ajuda muito no entendimento de quem seria a jovem do texto.

- No meio cristão, foi aplicada a esse livro uma interpretação alegórica,[30] em que o esposo seria a figura do próprio Deus, e a jovem esposa, de Sião, ou seja, do povo de Israel. Tal interpretação teria como base o costume antigo da pregação dos profetas que usa a figura das núpcias como símbolo da Aliança entre Deus e seu povo (cf. Is 5,1-7; Ez 16,1-63; 23,13-21; Jr 3,20).

- Apesar das fortes cenas de paixão descritas e insinuadas pelos personagens, o livro não foi abandonado ao longo da história. Alguns místicos cristãos (S. Bernardo [†1153] e S. João da Cruz [†1591]) até procuraram interpretar e descobrir nele possíveis fases da vida espiritual do cristão.

Como no texto atual encontram-se termos do hebraico tardio (mais próximo do NT), do aramaico e do persa (posteriores ao exílio da Babilônia), o livro é atribuído a um autor posterior ao exílio, sendo escrito na Palestina, entre os séculos V e IV a.C. O livro possui vários cânticos que marcam a participação de cada personagem (amado, amante, amigas e amigos dos dois). Costuma ser dividido em sete cantos:

Primeiro canto – Ela e ele (1,2–2,7).
Segundo canto – A manhã interrompida (2,8-17).
Terceiro canto – Sonho de amor (3,1–5,1).
Quarto canto – O encontro marcado (5,2–6,3).
Quinto canto – A única (6,4–7,10).
Sexto canto – Viagem nupcial (7,11–8,4).
Sétimo canto – Não se brinca com o amor (8,5-14).

Os gregos passam a governar o Povo de Deus

Para o Povo de Deus, a história aparentava estar caminhando muito bem, apesar das dificuldades internas em relação à aplicação das normas de pureza. Mas houve uma reviravolta com a tomada do poder por um novo

---

[30] Segundo o dicionário Aurélio, *alegoria* é a exposição de pensamento em forma figurada.

império, o dos *gregos*. Em 333 a.C., o rei Alexandre Magno impôs o seu poder na região, começando pela Síria e chegando até o Egito, onde fundou a cidade de Alexandria. Conquistou sem muita dificuldade o território que antes pertencia à Pérsia, inclusive a nação do Povo de Deus e a cidade de Jerusalém.

O imperador Alexandre em pouco tempo conseguiu organizar um dos maiores impérios da antiguidade, tendo como limite, no Oriente, as Índias. Mas com 32 anos adoeceu, em consequência da malária que adquiriu na Babilônia. Deixou um grande império para ser dividido entre seus generais.

Conclusão da terceira parte

O período do exílio na Babilônia se encerrou não com um "novo êxodo", mas com a simples permissão do rei Ciro, e todos puderam retornar à Terra Prometida. O novo imperador foi muito tolerante somente com os povos dominados, e praticamente não interferiu no longo processo de reorganização do povo novamente na antiga terra de Israel.

No período de domínio dos persas, contando com lideranças do meio do povo e novos profetas, quase tudo foi reconstruído. Jerusalém e o Templo voltaram a ser o centro da vida do povo, que se organizou em uma religião mais rígida em relação à prática das tradições e da Lei. Esdras e Neemias são considerados os fundadores deste novo momento da religião de Israel que passou a se chamar judaísmo.

Nesse período de reorganização surgiram também novos escritos, novos profetas e é bem provável que a nossa Bíblia, como se encontra estruturada no AT, particularmente os cinco primeiros livros (Pentateuco), teve no final dessa época sua redação final.

Quarta Parte

DA CRISE DA DOMINAÇÃO DOS GREGOS ATÉ O REINADO DOS ASMONEUS

O imperador Alexandre não teve tempo de usufruir do seu imenso império nem de impor o seu estilo sobre os povos governados. Foram os generais que dividiram o Império e impuseram seus estilos sobre os territórios herdados.

Com a presença dos gregos na região e no território de Israel, o povo da Bíblia e todo o mundo antigo tiveram contato com a rica *cultura helênica* (helenos = gregos). De todos os impérios e respectivas culturas que o mundo antigo conheceu, os gregos foram os que mais deixaram a sua influência, mesmo após a extinção de seu Império, principalmente com a implantação da língua grega em todas as regiões dominadas (inclusive a Terra Santa). Mas a presença dos gregos não se resumiu ao novo idioma; com o passar do tempo, os novos governantes gregos tentaram impor também a cultura (helenismo) e os deuses gregos.

As *cidades gregas* que foram nascendo dentro do novo Império, além de um jeito diferente de promover o comércio (mais independente da ação dos reis), herdaram templos de divindades gregas, uma vida mais intensa nas praças e locais públicos e teatros. Mas a grande inovação foram os locais de esporte (ginásios para atividades olímpicas), ocupados normalmente também para discussões filosóficas.

Outra inovação trazida pelos gregos foi a divisão da sociedade em diferentes níveis. Havia os *cidadãos* ou *livres*, homens que gozavam de liberdade e direitos; abaixo se encontravam os *libertos*, estrangeiros ou ex-escravos que tinham conseguido a sua liberdade, muitas vezes pagando por isso;

por fim os *escravos*, que constituíam a maior parte da sociedade grega; não tinham os direitos de cidadão nem podiam ter propriedade.¹

Divisão do império grego e os novos imperadores

O grande general Alexandre teve uma morte prematura, e seu vasto império foi dividido entre seus mais valorosos generais, chamados de diádocos. Quatro generais disputaram a divisão do reino de Alexandre: *Seleuco* ficou com a Pérsia, a Mesopotâmia e a Síria. *Lisímaco* apropriou-se da Ásia Menor e da Trácia. *Cassandro* estabeleceu-se na Macedônia. E os *Ptolomeus* (ou lágidas) ocuparam o Egito, a Fenícia e a terra de Israel.

A divisão do império de Alexandre criou um novo cenário internacional. Todos os reinos conquistados por ele foram divididos e ajuntados em quatro impérios menores, governados por ex-generais (bem como seus descendentes) de cultura grega. A região onde se encontrava a terra do Povo de Deus, no limite de dois reinos, inicialmente teve como governadores os Ptolomeus (tinham sua sede no Egito) e posteriormente foi subjugada pelos selêucidas da Síria (descendentes do primeiro imperador Seleuco).

Reino dos Ptolomeus: os primeiros a governar a região de Israel

O período do reinado dos Ptolomeus (323-198 a.C.) trouxe alguns transtornos em relação aos impostos e à tentativa de impor novos valores e a cultura grega, atingindo em muitos casos os princípios fundamentais da vida do Povo de Deus. O seu reino teve como capital Alexandria, no Egito.

Ptolomeu, um dos quatro generais do exército de Alexandre Magno, ficou com o Egito, a Fenícia e Israel. Seu território foi constantemente ameaçado pelos selêucidas da Síria, que ambicionavam expandir seus limites até o Egito.

O reinado dos Ptolomeus pode ser caracterizado como um estado burocrático, fortemente centralizado e militarmente estruturado, principalmente para controlar e fiscalizar o recolhimento dos impostos. Os Ptolomeus

---

[1] No volume 10 da Coleção Bíblia em Comunidade, *Fé bíblica: uma chama brilha no vendaval*, há mais informações sobre o período greco-helenista.

não permitiam que as regiões controladas por eles fossem autônomas, por medo de motins.

O primeiro rei desse novo império foi Ptolomeu I Soter (323-285 a.C.). Entrou em Jerusalém em 320 a.C., em dia de sábado, com o pretexto de levar oferendas ao Templo, mas o resultado foi o estabelecimento do domínio sobre a cidade e o país de Israel. Prendeu muitos judeus e os levou para Alexandria, no Egito.

Ptolomeu I Soter, por outro lado, favoreceu a cultura grega em seu reinado, criando um museu em Alexandria.

Seu sucessor, Ptolomeu II Filadelfo (285 a 247 a.C.), patrocinou algo que passou a influenciar a vida dos judeus da diáspora (os que se encontravam fora da Terra Santa) e depois os cristãos do NT. Foi em seu reinado que se fez a tradução da *Bíblia para o grego,* chamada de *LXX* (70).[2] Segundo se afirma, ele favoreceu a tradução para o grego a fim de conservar a Bíblia em sua famosa biblioteca em Alexandria. Dessa forma, os judeus que viviam fora do território de Israel e não mais falavam as línguas pátrias (aramaico e hebraico) podiam continuar rezando e estudando a Palavra de Deus em grego.

Nesse período da dominação dos Ptolomeus, Jerusalém foi governada por sacerdotes[3] simpatizantes dos gregos que tinham a responsabilidade de levantar dinheiro para o império no Egito. Devido à localização de Israel, muitas batalhas lá foram realizadas, sofrendo pilhagens, deportações, destruição e roubos por parte dos exércitos estrangeiros.

Israel pertenceu ao reino dos Ptolomeus por 103 anos. A principal marca negativa deixada por esse reinado foi a de ter provocado uma divisão entre os judeus em Jerusalém: de um lado, as classes dirigentes, encabeçadas pelos sacerdotes, e as classes mais abastadas; de outro lado, o povo humilde e simples, encarregado de manter quem estivesse no poder.

---

[2] A versão da Bíblia em grego não influenciou somente os judeus daquela época; quase todos os autores do NT (que foi escrito em grego), ao citarem o AT, o fazem utilizando a versão em grego da LXX. Observe as Bíblias que utilizamos, os nomes dos livros são da versão em grego, bem como a divisão em dois volumes dos Livros dos Reis e de Samuel.

[3] Neste período foi organizado um conselho chamado, na época, de *gerusia,* que bem depois, no tempo do rei Herodes, passou a ser conhecido como Sinédrio.

Reino dos selêucidas

Após a morte de Alexandre Magno, a região e os países ao norte de Israel ficaram com o general Seleuco Nicator (313 a.C.), que fundou a dinastia dos selêucidas. Estabeleceu Antioquia da Síria como capital do império. Seleuco e também seus descendentes cobiçaram estender seu território até o Egito, ameaçando o reino dos Ptolomeus. Em 198 a.C., esse sonho tornou-se realidade: estabeleceram seu domínio na região da Judeia, na famosa batalha de Panion, com Antíoco III Magno no poder.

Quando invadiu Jerusalém, Antíoco III Magno (223-187 a.C.) encontrou um país insatisfeito com o rigor imposto pelos Ptolomeus do Egito, impedindo qualquer forma de organização. Por isso, os judeus de Jerusalém apoiaram a luta e ficaram do lado dos selêucidas, sem saber o que isso lhes renderia no futuro. Antíoco III ficou sabendo e retribuiu aos judeus concedendo a eles privilégios; ajudou na reconstrução da cidade e do Templo e permitiu que seguissem suas leis e costumes (cf. 2Mc 4,11).

Mas por causa de sua grande cobiça de estender seu território sobre a Europa, Antíoco III enfrentou o emergente império romano. Foi derrotado em 190 a.C. na batalha de Magnésia (cf. Dn 11,18), perdeu território, foi desarmado e teve de entregar seu filho Antíoco IV como refém. No desespero de saldar suas dívidas, passou a saquear os templos e palácios dos países que lhe restaram. Encontrou a morte quando se apoderava do tesouro do templo de Bel, no ano 187 a.C.

Seu filho Seleuco IV Filopátor (187-175 a.C.) sucedeu-o no trono. Procurando sanar as dívidas do seu pai, tentou saquear o Templo de Jerusalém, mas teve o mesmo fim que ele. Foi morto por seu ministro, e seu irmão subiu ao trono.

O maior dos tiranos: Antíoco IV Epífanes (175-164 a.C.)

Antíoco IV Epífanes é o filho menor de Antíoco III e irmão de Seleuco IV, a quem sucedeu no trono. Ocasionou o declínio dos selêucidas, provocou divisões internas entre os dirigentes de Israel, resultando na revolta dos Macabeus. Como necessitava pagar os tributos a Roma, utilizou do cargo de sumo sacerdote para obter vantagens econômicas: mantinha-se no poder religioso quem oferecesse mais por esse cargo.

Epífanes quis destruir a cultura religiosa do povo de Israel, procurando impor a cultura e os costumes gregos. Mandou construir, ao lado do Templo, na colina ocidental, a cidade alta conhecida como Acra, um ginásio de esportes e um templo para o culto a Júpiter (cf. 1Mc 1,14-15; 2Mc 4,7-20).

Os gregos, como o imperador Antíoco IV, consideravam a cultura e a religião judaicas demasiadamente fechadas, com costumes considerados estranhos e antiquados, como a circuncisão, a guarda do sábado, os jejuns alimentares (abstenção da carne de certos animais). Para os gregos, a religião deles era superior; limitava-se a alguns rituais nos templos, que muitas vezes refletiam a vida social do devoto de uma divindade (banquetes, orgias sagradas, competições esportivas), mas tudo se restringia ao templo, isto é, a religião pouco interferia na vida social e pública do cidadão grego.

A estratégia do imperador era a de atingir principalmente a elite jovem judia, com eventos voltados ao culto do corpo perfeito,[4] através de jogos olímpicos abertos com um culto a uma divindade grega. Essa estratégia parece que surtiu certo efeito entre os jovens que "restabeleciam seus prepúcios e renegavam a Aliança sagrada" (1Mc 1,14-15; 2Mc 4,9).

A religião e os costumes judaicos, alicerçados ao longo de muitas gerações, foram profundamente abalados. Mas Deus não abandonou seu povo e mais uma vez suscitou heróis que o reorganizaram e expressaram de diversas formas a esperança no Deus de Israel, maior do que tudo o que era proposto pelos dominadores.

Opondo-se à helenização do império, surgiram os *hassideus*, ou judeus *piedosos*, que se refugiavam nas montanhas ou longe dos centros urbanos e procuravam manter viva a fé e os costumes judaicos, conforme a Lei de Deus.

Tais oposições ao domínio grego suscitaram, por parte do imperador Antíoco IV, uma forte perseguição religiosa contra os judeus. Mandou proibir o culto ao Senhor em Jerusalém e no Templo, perseguiu as mães ou

---

[4] Por esse motivo, os gregos consideravam a circuncisão uma ofensa aos deuses; depunha contra a crença de que os deuses assumiam formas humanas. Por isso, quanto mais perfeito e musculoso fosse o corpo da pessoa, mais próxima ela estava dos deuses.

qualquer pessoa que promovesse a circuncisão, destituiu o sábado como dia de descanso, bem como as proibições judaicas relativas a alimentos, impôs sacrifícios, no Templo de Jerusalém de animais tidos pelos judeus como impuros, como o porco, e, por fim, proibiu a leitura da *Torah*. O ponto máximo da perseguição foi a tentativa de destruir a fé judaica com a instalação do culto aos deuses gregos no Templo de Jerusalém (cf. 1Mc 1,59; 2Mc 10,5;6,2). Foi o cúmulo das ofensas, a "abominação das desolações", que se completou com a instalação de um altar e sacrifícios ao deus "Zeus Olímpico" (Dn 9,27).

Revolta do Povo de Deus: revolução dos Macabeus (167-142 a.C.)

Para não renegarem a fé judaica, muitos judeus fugiram para cidades estrangeiras, engrossando as fileiras dos judeus na diáspora (cf. 1Mc 15,22s). Outros foram martirizados, mas não abandonaram a fé e seus costumes (cf. 2Mc 6,18–7,42). Quando tudo parecia estar anunciando o fim do Povo de Deus e de sua religião, entrou em cena a família sacerdotal de *Matatias* e seus filhos (cf. 1Mc 2,15-28).

Como em outros tempos, tudo começou a mudar a partir de uma pessoa ou família que permaneceu fiel à proposta de Deus. A história do Povo de Deus era a sua maior segurança; dava-lhe a certeza de que seu Deus não o abandonaria à própria sorte nem deixaria os seus filhos lutarem sozinhos e desamparados. Os judeus tinham aprendido a lição do exílio na Babilônia: se as pessoas permanecem fiéis à Aliança, sendo zelosas e observantes da lei, Deus faz sua parte e age através de seus filhos e juntamente com eles.

Tudo começou a mudar quando delegados do governo selêucida tentaram impor aos judeus que oferecessem sacrifícios aos deuses gregos, no povoado onde moravam Matatias e seus filhos. Zeloso pela lei de Deus, pelos costumes do povo judeu e cheio de fúria por estar vendo seus conterrâneos aderirem a essa prática pagã, Matatias avançou contra o delegado do rei e um judeu apóstata e os liquidou (cf. 1Mc 2,1ss). Tal atitude tornou Matatias e seus filhos um perigo para o estado grego. O resultado foi o ataque do exército do rei contra essa família e todos os judeus que aderiram à causa dela. Conhecendo os costumes judaicos, os gregos atacaram em dia de sábado (sabiam ser o dia sagrado dos judeus). Morreram muitas pessoas por se negarem a lutar no dia santo (cf. 1Mc 2,38). Após esse desastre, muitos outros judeus piedosos e zelosos pela lei de Deus se uniram contra a opressão do império e decidiram nada fazer em dia de sábado, mas, se fossem atacados, iriam se defender. A revolta começou perto de Jerusalém e logo se espalhou pela região. (Cf. Anexo 2, mapa 10.)

Matatias foi líder de seu povo por pouco tempo. Morreu no ano 166 a.C. e foi enterrado em Modin (cf. 1Mc 2,70), mas deixou aos seus filhos o exemplo e o zelo pela Lei de Deus.

Judas, filho de Matatias, continuou a obra iniciada pelo seu pai. Como tinha o sobrenome de *Maccabaeus*, "Macabeus" (de significado incerto, parece derivar de *maqqabah* = martelo), acabou dando nome à revolta. *Judas Macabeu* (166 a 160 a.C.), como passou a ser conhecido, obteve várias vitórias contra o exército de Antíoco IV.

O rei grego não ficou passivo diante dessa nova revolta na Judeia. Ele "se encheu de ira" (1Mc 3,27), fez novos empréstimos na Pérsia para afrontar a rebelião. Preparando-se para uma guerra santa, Judas e seus companheiros se reuniram em assembleia em Mispá (cf. 1Mc 3,42-60), rezaram e escutaram o livro da Lei, preparando-se para defender seu país e sua religião, conforme as orientações de Dt 20,5-9. Assim, venceram o exército grego conduzido por Nicanor e Górgias em Emaús.

Sobre as vitórias de Judas, tudo é narrado como uma guerra, cuja principal motivação são as leis e os costumes religiosos dos judeus. Por isso, tão logo se conquistam a cidade de Jerusalém e o Templo, providencia-se a sua purificação.[5] A cerimônia aconteceu no dia 25 do mês de Kisleu (dezembro), do ano 164 a.C. Durou oito dias (cf. 1Mc 4,42-51) e até os dias de hoje é celebrada entre os judeus; trata-se da festa de *chanuká* ou festa das luzes.[6]

Quando Judas morreu, seu irmão Jônatas recebeu o legado de continuar a luta pela libertação do Povo de Deus.

---

[5] A festa da purificação do Templo é até hoje celebrada entre os judeus.

[6] A palavra *chanuká* significa *purificação*. Quando Judas se propôs a purificar o Templo, sua primeira atitude foi manter aceso o *ner tamid*, "fogo eterno", junto ao grande candelabro de sete velas (*menorá*), mas o óleo santo era suficiente somente para um dia. Diz a lenda que milagrosamente durou oito dias, tempo necessário para se preparar o óleo santo. Nasceu assim a festa das luzes.

Foi nesse tempo que morreu um dos maiores tiranos que o Povo de Deus conheceu. Antíoco IV Epífanes, como seu pai, foi morto enquanto tentava despojar um templo iraniano no ano 164 a.C. (cf. 1Mc 6,17; 2Mc 9; 10,9-13).

Jônatas (160 a 143 a.C.) não manteve as mesmas motivações de seu irmão Judas e de seu pai Matatias. Lutou por três anos no deserto de Técoa e pretendeu *julgar* as pessoas, fazendo desaparecer os ímpios de Israel (cf. 1Mc 9,73). Aproveitando as disputas entre Demétrio e Alexandre Balas, pretendentes ao império grego, conseguiu de Balas a nomeação como "sumo sacerdote da sua nação [...]. e amigo do rei" (1Mc 10,20) e chegou a celebrar ilegitimamente, no mesmo ano de 152 a.C., a festa dos Tabernáculos ou Tendas (cf. 1Mc 10,21).[7] Jônatas, vítima de suas próprias intrigas, foi executado por Trifon, general de Alexandre Balas (cf. 13,14-24). Seu irmão Simão o sepultou em Modin e o sucedeu.

Simão (143-134 a.C.), o último dos filhos de Matatias, conseguiu grande autonomia para a Judeia, mas continuou usando os títulos conseguidos por seu irmão Jônatas: "sumo sacerdote e amigo do rei" (cf. 1Mc 13,36). Os judeus aparentemente aceitaram a situação "até que aparecesse um profeta digno de fé" (cf. 1Mc 14,41).

Foi no tempo de Simão que o antigo reino de Israel conseguiu certa autonomia e estabilidade política. Ele estendeu as fronteiras do país (cf. 1Mc 13,43-48), tomou Acra, a cidadela grega próxima ao Templo, reduto dos gregos em Jerusalém em 141 a.C., transformando-a no palácio dos Macabeus (cf. 1Mc 13,49-52). Mas seu reino durou pouco; foi assassinado pelo seu genro Ptolomeu de maneira trágica, no transcurso de um banquete com todos os seus filhos, exceto João Hircano (cf. 1Mc 16,11-17), que substituiu o pai.

João Hircano deu início a um reino e uma dinastia mais estáveis, mas não diferentes das dos reis que procuraram sobrepujar o Povo de Deus.

---

[7] A nomeação de Jônatas aronita era ilegítima para os sacerdotes sadoquitas, o que fez nascer o cisma essênico entre os "mestres da justiça" e o "sacerdote ímpio" dos textos de Qumrã. O 1Mc guarda silêncio sobre esta ilegitimidade.

Os livros dos Macabeus

Toda essa saga de revoltas, guerras, conquistas e libertação do povo de Israel, quase no final do período do AT, está documentada com detalhes nos dois livros dos Macabeus.

A história dos Macabeus foi registrada em quatro livros, mas somente os dois primeiros foram conservados e utilizados pelos cristãos; por isso, apenas eles, que se encontram em nossas Bíblias, são considerados canônicos.[8]

Os livros 1Mc e 2Mc não são sequentes nem complementares em suas histórias. Cada um tem um objetivo preciso: 1Mc descreve com detalhes o *levante macabeu* que conduziu à retomada do Templo e sua purificação. Já 2Mc procura demonstrar a tentativa de implantação da *reforma helenística* por parte dos gregos contra a Lei e o Templo, destacando a luta de vários judeus (como Judas e seus irmãos) e o exemplo deixado por alguns que escolheram dar suas vidas pela causa judaica (mártires).

A história apresentada pelos livros de Macabeus é tão rica em detalhes que pode facilmente ser datada no final do AT, apesar de abranger somente meio século (o fim do reino de Seleuco IV, em 176 a.C., até o surgimento de João Hircano, em 134 a.C.).

O primeiro livro dos Macabeus

O primeiro livro dos Macabeus chegou até nós na versão grega, mas foi escrito originalmente em hebraico, como atestam Orígenes (†253 d.C.) e São Jerônimo (†420 d.C.), o que se pode constatar pelos hebraísmos (jeito hebraico de falar) presentes no texto grego.[9]

---

[8] São Jerônimo, do século IV d.C., não os elenca entre os livros inspirados, mas afirma: "Dos Macabeus encontrados, um primeiro livro é em hebreu, e o segundo é em grego, como se pode provar pelo mesmo estilo". Os livros dos Macabeus foram muito citados pelos Padres e aparecem nas listas canônicas desde o fim do século IV. O 1Mc e 2Mc são citados por Orígenes, Clemente de Alexandria, Tertuliano, São Cipriano e Eusébio de Cesareia. Lutero deplorava que 1Mc não fosse canônico. O manuscrito Sinaítico (séc. IV) contém o primeiro e o quarto Macabeus, o código Alexandrino (séc. V) contém os quatro livros de Macabeus e o código Vaticano (séc. V) nada conservou. A *Vetus Latina* parece ter sido feita a partir de um texto mais antigo, igualmente traduzido do grego.

[9] O desaparecimento do texto hebraico de 1Mc deve-se: a) aos judeus de Jâmnia (90 d.C.), que não acolheram em sua lista de obras canônicas livros posteriores a Daniel; b) os elogios à dinastia asmoneia, que foi repudiada pelos fariseus de Jâmnia; c) a aliança descrita com Roma (cf. 1Mc 8), que foi responsável pela destruição do Templo em 70 d.C.

O estilo do 1Mc revela que o autor é um judeu muito fervoroso pela causa de seu povo e por seu país. Tudo indica que foi escrito em Judá, pois o autor relata detalhes da geografia da região e narra os fatos com tal precisão que parece ter presenciado alguns deles. Era partidário da família asmoneia, descendente de Judas Macabeu (cf. 1Mc 5,63; 14,26; 16,2), que governou o antigo Israel no final do período do AT. Como encerra o livro mencionando os primeiros dias de João Hircano (reinou de 135 a 106 a.C.), certamente 1Mc foi redigido sob o reinado desse monarca, porém a redação final deve ter ocorrido pelo ano 100 a.C., conforme 1Mc 16,23ss.

O autor demonstra ter informações precisas sobre os fatos e os lugares dos acontecimentos mencionados no livro, o que revela se tratar de uma pessoa influente, instruída e que teve facilidade de acesso a documentos e cartas oficiais.[10]

A história contada pelos livros dos Macabeus segue o mesmo princípio dos livros dos juízes, dos reis e dos reformadores pós-exílicos: os justos e fiéis sempre são ajudados por Deus; se atingidos, não perecem e vencem todas as dificuldades. Essa era também a convicção do autor de 1Mc, pois conta a história da família dos Macabeus mostrando sempre a intervenção de Deus até a vitória definitiva.

O livro 1Mc, após situar os fatos iniciais, apresenta as histórias dos macabeus com seus feitos.

1. Parte introdutória e a história do justo Matatias (1Mc 1,1–2,70).
2. Os feitos de Judas Macabeu (1Mc 3,1–9,22).
3. As façanhas de Jônatas Macabeu (1Mc 9,23–12,53).
4. Os feitos de Simão, que dá início à dinastia asmoneia (1Mc 12,1–16,24).

Alguns temas importantes são abordados pelo autor: apresenta a triste situação em que se encontrava o Templo nesse período de domínio dos selêucidas. O cargo de *sumo sacerdote* foi ocupado pelas pessoas que mais pagassem por ele, mesmo não sendo da linhagem sacerdotal, responsável pelo culto no Templo. Outro tema é a importância da Lei de Deus como

---

[10] Como a carta dos judeus de Gallad (cf. 1Mc 5,10-13), o decreto sobre a hereditariedade da família macabeia (cf. 1Mc 14,27-45), a carta de Jônatas aos espartanos (cf. 1Mc 12,6-18), as cartas dos mandatários sírios aos sumos sacerdotes (cf. 1Mc 10,3-6) e outras (cf. 1Mc 8,23-32; 10,18-20; 11,30-37; 13,36-40; 15,1-9.16-21).

principal orientadora da vida do fiel judeu. Por causa dessa Lei, os macabeus justificavam a *Guerra Santa* contra os inimigos do Povo de Deus.

O segundo livro dos Macabeus

O 2Mc não é uma continuação do 1Mc, apesar de ambos retratarem fatos comuns aos dois escritos. Trata-se de um escrito independente que narra com particularidades próprias alguns acontecimentos de 1Mc. Segundo o testemunho de São Jerônimo, diferentemente de 1Mc, o segundo livro foi escrito em grego; os hebraísmos são raros.

O autor de 2Mc não parece ser da terra de Israel, mas talvez um judeu de Alexandria, conhecedor da língua grega, piedoso e zeloso pela Lei e preocupado com o culto no Templo de Jerusalém, o que o motivou a escrever esse livro. Já no início, o autor informa que se baseou na obra de Jasão de Cirene (cf. 2Mc 2,19-32) para elaborar sua obra. Sabe-se que a narração de Jasão abarca os anos de 180 a 160 a.C., período provável de escrita de 2Mc.[11] O estilo de 2Mc revela ser um escrito redigido em grego, porém realizado por um judeu da diáspora,[12] conhecedor dos costumes judaicos, e não por um pagão convertido ao judaísmo.

A intenção do autor de 2Mc é mostrar a santidade do Templo de Jerusalém como lugar adequado para o verdadeiro culto a Deus, através de suas festas e práticas diárias de oração e culto. Tendo essa motivação de fundo, o escrito sagrado revela a crueldade e impiedade dos inimigos da religião do Povo de Deus, principalmente contra o Templo de Jerusalém. Apresenta o testemunho de alguns personagens como bons exemplos a ser seguidos (Onias, Eleazar, os mártires, Judas); apresenta igualmente a condenação daqueles que se opõem à fé verdadeira dos judeus, sejam eles do próprio povo (Simão, os sumos sacerdotes intrigantes, Jasão, Menelao e Alcino) ou pagãos (Heliodoro, Antíoco Epífanes, Nicanor).

Como o autor menciona no início do livro que estava reproduzindo a investigação histórica feita por Jasão, pode-se supor com certa segurança que

---

[11] As revisões da história de Heliodoro (2Mc 3), Eleazar (2Mc 6) e os últimos dias de Antíoco IV (2Mc 9) parecem insinuar a contribuição de um escritor posterior.

[12] Judeus que moravam fora da terra de Israel, mas que mantinham sua piedade e fé conforme os judeus de Jerusalém.

os fatos, na sua maioria, são históricos, mas selecionados e reagrupados conforme a preferência pessoal do autor.

O conteúdo histórico apresentado abraça um longo período, desde o reino de Seleuco IV (185-175 a.C.) até a derrota do general selêucida Nicanor pelos judeus (dia 13 de adar de 161 a.C.), durante a administração de Demétrio I (162-150 a.C.), fatos também narrados, na quase totalidade, por 1Mc. Descontando a parte introdutória em que os judeus moradores no Egito são convidados a participar da festa dos Tabernáculos (cf. 2Mc 1,1–2,18) em Jerusalém, o restante do livro procura concentrar-se na história do povo judeu e do seu Templo em Jerusalém (cf. 2Mc 2,19–15,39).

Na redação de 2Mc, parece transparecer a seguinte estrutura:

Prólogo (1,1-9; 1,10–2,18) – com duas cartas.

Prefácio do autor (2,19-32).

I. A. (3,1–7,42) – Da exploração de Jerusalém e do Templo até a perseguição religiosa (martírio).

I. B. (8,1–10,8) – Do levante de Judas até a festa de purificação e de dedicação do Templo.

II. (10,9–15,36) – Da vitória de Judas sobre os inimigos (judeus e não judeus) até a festa chamada de "Dia de Nicanor", em 161 a.C.

Epílogo (15,37-39).

Os dois escritos relatam fatos relacionados à mesma circunstância histórica. A helenização empreendida pelos gregos, resumida em 1Mc 1, é desenvolvida em 2Mc 4-7; já a longa história dos feitos de Judas até a batalha de Emaús (cf. 1Mc 2,1-4,25) é resumida em 2Mc 8, que inclusive omite o personagem Matatias.

A finalidade de 2Mc, segundo o próprio autor informa no início do escrito, é *dar a conhecer aos judeus do Egito* os acontecimentos históricos sobre o Templo de Jerusalém, no tempo da dominação dos gregos selêucidas. Conforme a teologia de 1Mc, também o segundo livro mostra como Deus, através de Judas Macabeu, teria restaurado o Templo profanado por Antíoco IV. Com sua restauração e purificação, teria surgido entre os judeus, nesse período, a festa da Dedicação do Templo, instituída em 25 de Kisleu (dezembro de 165 a.C.). Assim, é intenção do autor de 2Mc convocar os judeus da diáspora a celebrarem também essa festa, mesmo encontrando-se fora de Jerusalém. Sabe-se que nesse período havia dois templos usados pelos judeus: em Leontópolis, no Egito (erigido pelo sacerdote Onias IV, até o ano de 150 a.C.) e o de Jerusalém. Dessa forma, era preciso resguardar e priorizar o culto em Jerusalém.

Em 2Mc aparece o termo *hellenismós*[13] – *helenismo* (cf. 2Mc 4,13), indicando a imposição da cultura grega aos judeus. Em oposição, o autor apresenta também o termo *ioudaismós* – *judaísmo* (cf. 2Mc 2,21). Dessa forma, o autor de 2Mc atesta a helenização sofrida e, ao mesmo tempo, enfoca a permanência dos sinais da identidade judaica: modo próprio de vida (cf. 2Mc 8,17), identidade étnica (cf. 10,8; 11,25.27), tradições e leis próprias (cf. 2Mc 8,17), língua particular, a hebraica (cf. 2Mc 7). Em confronto com a tentativa de imposição da cultura e dos costumes gregos, o autor de 2Mc apresenta detalhadamente o testemunho de alguns mártires judeus: o ancião Eleazar (cf. 2Mc 6,18-31) – exemplo para os demais líderes anciãos judeus – e a mãe com seus sete filhos (cf. 2Mc 7) – um estímulo aos jovens a doarem a vida, se preciso, para não abandonar a fé judaica.

A teologia presente no 2Mc segue o pensamento vigente da "teologia da retribuição" (Deus abençoa os justos e santos; amaldiçoa e pune os pecadores, judeus ou pagãos). Merece destaque especial a forte e clara crença na ressurreição (cf. especialmente 2Mc 7), principalmente diante das perseguições e tentações de abandonar a fé verdadeira no Deus vivo de Israel. Nesse mesmo espírito, o autor apresenta a "comunhão com os santos" (oração por aqueles que já faleceram), a fim de ajudar na purificação dos pecados (cf. 2Mc 12,38-45), e a intercessão dos "justos mortos", como Onias e Jeremias, pelos vivos (cf. 2Mc 15,12-16).

Últimos escritos do Antigo Testamento

O contato com a cultura grega, principalmente com a língua grega, não significou apenas dominação e tristeza para o Povo de Deus. Da mesma forma que do contato com a cultura e o mundo persa (cultura muita rica em conhecimentos e sabedoria) nasceram escritos mostrando a cultura dos judeus, o mesmo aconteceu com o contato com o rico mundo dos gregos.

---

[13] É um neologismo talvez inventado pelo próprio Jasão de Cirene, usado aqui possivelmente pela primeira vez na literatura grega.

Estes consideravam os judeus um povo ignorante, com costumes e cultura ultrapassados. Menosprezavam igualmente sua língua. Judeus piedosos e sábios procuraram então demonstrar, através de escritos voltados para seu povo, a riqueza da cultura e dos costumes judaicos.

Nesse período de dominação grega, foram escritos alguns livros em hebraico e outros em grego, para mostrar a sabedoria do pensamento judeu e seus costumes.

Livros sapienciais II: Eclesiastes, Eclesiástico e Sabedoria

O livro do Eclesiastes

O nome *Eclesiastes* é grego, traduzido do hebraico *Qoheleth* – *koelet*; significa "o homem que fala na assembleia" (orador ou pregador). Esse título é tirado do próprio livro: Ecl 1,2.12; 7,27; 12,8-10. Tudo indica ser o nome de um homem, membro do círculo dos sábios que discutiam ou transmitiam, durante a assembleia, conhecimento e sabedoria entre si ou para discípulos. Até hoje esse livro é lido na festa das Tendas, que acontece no mês de setembro/outubro.

Apesar das insinuações em Ecl 1,1.12; 2,3.7.8, o autor não é Salomão, mas um judeu da Palestina que viveu no século III. O livro foi escrito e preservado em hebraico, apesar da presença de aramaísmos (termos aramaicos) e de dois vocábulos persas. Confirmam não ser de Salomão e de seu tempo as críticas feitas ao rei (cf. Ecl 4,13-16; 10,5s), bem como à corrupção dos dirigentes (cf. Ecl 3,16; 4,1; 5,7; 10,16-19). Como alguns trechos foram encontrados na gruta 4 de Qumrã (150 a.C. a 70 d.C.), tudo indica que o Eclesiastes foi escrito em meados do século II a.C.

Há uma certa relação entre o livro de Eclesiastes e o livro de Jó. Questões como a da retribuição de Deus aos homens e os problemas humanos (doença, limitações, preocupação desmedida) afligem tanto o personagem de Jó como o autor de Eclesiastes, que considera tudo uma grande vaidade, sopro ou vento que passa. Mas Koelet parece ser mais pessimista, lembrando que o fim de todos é a morte (cf. Ecl 2,17; 3,19-21); a angústia aumenta quando afirma que ninguém sabe o que há depois dela (cf. Ecl 3,19-22). O conselho que o autor dá é o de gozar os prazeres materiais desta vida (cf. Ecl 3,12s; 8,15; 9,7-9).

A leitura desse livro revela um autor aparentemente pessimista em relação à vida, incrédulo em relação aos homens, bastante materialista e fatalista a respeito de tudo: "O homem não leva vantagem sobre os animais [...], todos vêm do pó e voltam ao pó" (Ecl 3,19s). A angústia de Jó em relação à retribuição de Deus apenas nesta vida aparece em Eclesiastes, que não consegue entender por que muitos ímpios estão em melhores condições que os justos (cf. Ecl 9,2), mas não questiona a Deus; ao contrário, revela-se um crente que reconhece em Deus a origem das boas coisas da vida: "O único bem do homem é comer e beber e desfrutar do produto do seu trabalho; e ainda isso notei que é dom de Deus" (2,24)."Desfruta a vida com a mulher que amas, todos os dias que dure a tua vida fugaz que Deus te concedeu debaixo do sol" (9,9). Nesse período, certamente não havia ainda uma doutrina sobre a ressurreição e a vida após a morte, como se verifica, por exemplo, em 2Mc e Daniel.

O livro de Eclesiastes possui três partes principais:

1. *Primeira parte* (Ecl 1,12–2,26) – Personificando-se em Salomão, o autor dá sua opinião sobre os esforços humanos, considerados inúteis. Questiona o que fica após o gozo dos prazeres. E conclui: "Vaidade das vaidades, tudo é vaidade!" (Ecl 1,2).

2. *Segunda parte* (Ecl 3,1–6,12) – Comentando ainda a realidade humana, o autor mostra suas limitações, consideradas inumeráveis. A relatividade humana é vista como dom de Deus. Com angústia, ele vê como um mistério o destino humano (Ecl 3,22; 6,12; 7,14; 8,7; 9,12; 10,14), o que o leva a questionar o sentido da vida (Ecl 1,3; 2,22; 3,9; 5,12).

3. *Terceira parte* (Ecl 7,1–12,7) – Com a apresentação de sete ditos populares, o autor reflete sobre a justiça, a mulher, o exercício do poder, o destino humano, as relações sociais e o mal no mundo perverso e cruel. O autor reage a tudo, mostrando que o importante é não ignorar as coisas mais simples (cf. Ecl 10,14).

O autor de Eclesiastes não é pessimista, nem otimista, nem oportunista; é realista e muito lúcido em suas afirmações. Segundo ele, o importante é viver, pois a vida é a maior dádiva de Deus, que deve ser acolhida com alegria, sem ares de anjo nem de animal (cf. Ecl 3,13; 5,17; 8,15; 9,9).

O livro do Eclesiástico

O título hebraico deste livro é "Palavras (Sabedoria) do filho de Sirac" e o grego é "Sabedoria de Jesus, filho de Sirac" ou "Sabedoria de Sirac". O nome *Eclesiástico* chegou até nós através da Bíblia de São Jerônimo, a *Vetus Latina*. Era apresentado àqueles que se preparavam para o batismo (catecúmenos) como manual de bons costumes. Por causa de seu autor Sirac (cf. Eclo 50,27-29), esse livro também é conhecido como *Sirácida*. No prólogo, o autor informa sobre a tradução do texto hebraico para o grego, feita por seu neto no Egito, em 130 a.C. (= ano 38º do rei Ptolomeu VII Evergetes; cf. li.7 e 27 do prólogo). Conforme as informações no final do livro, o autor pertenceu ao grupo de sábios de Jerusalém, era zeloso no estudo da Lei (cf. Eclo 38,24–39,11) e da sabedoria, conforme ele mesmo descreve (cf. Eclo 51,13-30).

A *sabedoria* é seu tema principal (cf. Eclo 24,1-34), assim como os outros livros sapienciais (cf. Pr 8,1-36; 9,1-6; Jó 28,1-28; Br 3,9–4,4; Sb 7,22-30). Mas, para o autor do Eclesiástico, a sabedoria é quase uma pessoa, muito próxima de Deus, sem se confundir com ele. É o Deus da Aliança que deve inspirar as obras e a prática da justiça; por isso, o autor exorta todos ao exercício do amor ao próximo. Condena veementemente o orgulho, a inveja, a preguiça e todo tipo de pecado. Em suma, esse livro é um grande escrito com diversos conselhos religiosos para a vida do fiel.

O Eclesiástico possui uma particularidade: um prólogo com 34 versículos escritos em grego, em que o autor se apresenta e comenta sobre sua família e seu trabalho como escritor. Esse prólogo não é considerado inspirado, mas testemunha que o livro teve sua redação inicial em hebraico, posteriormente foi traduzido para o grego e somente nessa língua é que chegou até nós.[14]

---

[14] O texto hebraico desapareceu no século XI da era cristã, talvez porque tenha sido excluído do cânon hebraico. Mas em 1896 foram encontradas partes do texto original hebraico numa guenizá (= depósito de rolos sagrados fora de uso), na sinagoga do Cairo. Em 1964

É possível dividir o livro Eclesiástico em cinco partes, todas apresentando o mesmo esquema: uma introdução exaltando a sabedoria (cf. Eclo 1,1-30; 24,1-34; 32,14–33,19) ou Deus Criador (cf. Eclo 16,24–18,14; 42,15–43,33) seguida de um ensinamento prático:

1. Sabedoria na sua compreensão mais ampla e universal (Eclo 1,10.25).

2. Doutrina sobre Deus Criador (Eclo 16,24ss).

3. Sabedoria comunicada a Israel (Eclo 24,1ss).

4. Culto à Lei de Moisés (Eclo 32,14ss).

5. A sabedoria e o poder do Criador (Eclo 42,15ss).

O livro da Sabedoria

O livro da Sabedoria, último escrito do AT, redigido num tempo muito próximo ao surgimento do Cristianismo (60 a.C.), revela grandes riquezas, tanto para o povo judeu quanto para os cristãos.

Escrito para judeus, embora permeado da cultura grega, não deixa de lado a sabedoria da religião e do pensamento judaicos. O livro da Sabedoria é o que melhor ilustra a assimilação da língua grega no AT (o que perdurará no NT, escrito todo ele na língua helênica).

Observando o estilo e o conteúdo do livro, deduz-se que foi redigido fora de Israel, talvez no Egito, provavelmente em Alexandria. Desde o domínio grego, com Alexandre (†323 a.C.), Alexandria passou a ser um dos principais centros da cultura e do pensamento helenista naquela região. Nessa cidade de cultura pluralista e cuja população era formada por grande diversidade de pessoas, representativas de vários povos, algumas correntes de pensamento se destacavam. Os epicureus[15] tiveram um destaque especial

---

foram achados em Massadá, junto ao Mar Morto, mais quatro capítulos do Eclesiástico, em manuscrito datado do século I a.C. Em Qumrã, no Mar Morto, também foram descobertos fragmentos do Eclesiástico.

[15] *Epicurismo.* É uma doutrina filosófica de Epicuro, filósofo materialista grego (341-270 a.C.), e de seus seguidores, entre os quais Lucrécio, poeta latino (98-55 a.C.). Caracteriza-se,

no tempo da redação do livro da Sabedoria, além dos materialistas (cf. Sb 2,1-20), de outros grupos com cultos naturalistas (culto de animais – cf. Sb 12,24; 13,1–15,19) e de religiões e cultos estranhos ao mundo judaico. Ser e permanecer judeu num mundo desse não deve ter sido fácil.

Nesse ambiente diverso, os judeus aparentemente estavam à parte de tudo o que acontecia. No entanto, um judeu culto, conhecedor da língua grega, dispôs-se a escrever o livro da Sabedoria, procurando mostrar, no contexto da cultura e da língua grega, a grandeza da sabedoria judaica. Expôs e defendeu a fé judaica e a Providência Divina que agiu junto ao seu povo escolhido; tornou conhecida a longa história de promessas e de grandes feitos de Deus para com seu povo.

Buscando exaltar a sabedoria de Deus junto ao seu povo, o autor combateu diretamente o ateísmo e a idolatria presentes no ambiente em que se encontrava. Segundo ele, a sabedoria divina deve ser buscada e apreendida por todos (cf. Sb 1,1-15).

O livro da Sabedoria pode ser dividido em três partes:

1. Sb 1,16–5,24 – Comparando os justos com os ímpios, o autor mostra a soberba dos maus em relação aos bons. No futuro, os maus terão uma grande decepção, enquanto os justos reinarão com Deus. Por isso conclui: é preciso saber viver a vida presente, escolhendo os principais valores em relação aos menos importantes e transitórios ou contrários à Lei de Deus.

2. Sb 6,1–9,19 – A sabedoria é apresentada com sua origem e características, mas acima de tudo é considerada dom de Deus. Por isso, basta pedi-la que será concedida a todos. Nessa parte do livro, é possível observar o uso de provérbios gregos, mas a serviço do pensamento judeu.

3. Sb 10,1–19,20 – O autor compara os idólatras pagãos com seu povo judeu; faz isso resgatando a história da sua gente, desde as pragas do Egito, a travessia do Mar Vermelho até outros feitos de Deus junto ao seu povo. Deus sempre protegeu e guiou todo aquele que seguiu seus preceitos.

---

na física, pelo atomismo, e na moral, pela identificação do bem soberano com o prazer, o qual, concretamente, há de ser encontrado na prática da virtude e na cultura do espírito.

O livro da Sabedoria procura deixar bem claro ao seu leitor que o pensamento e a sabedoria do povo judeu em nada são inferiores aos de outros povos, pois têm sua origem no próprio Deus Criador (cf. Sb 9,9), é colaboradora na criação e na conservação do mundo (cf. Sb 7,21; 8,1-6; 9,3s.9-12). É quase uma pessoa, por isso é próxima a Deus (cf. Sb 8,3) e subsiste ao lado de seu trono celeste (cf. Sb 9,4). O escritor sagrado tem clara consciência da grandeza da sabedoria de Deus, superior à sabedoria grega e a suas religiões (cf. Sb 14,23).

Últimos escritos proféticos III

A presença e a dominação dos gregos na Terra Santa, ao longo de quase três séculos, desencadeou o surgimento de novos profetas, pois a esperança precisava ser resgatada e fortalecida, apesar de toda a opressão e perseguição.

Zacarias (9–14)

O profeta Zacarias atuou durante o período da reinstalação do povo que chegava da Babilônia. A primeira parte de seu livro (1–8) retrata bem as dificuldades enfrentadas e a presença do profeta estimulando com sua palavra a reconstrução do Templo, principalmente.

A segunda parte do livro (Zc 9–14) apresenta características próprias, revelando novos desafios e problemas para o Povo de Deus. Nessa parte não se fala de Zacarias, nem de Josué, nem mesmo de Zorobabel. É significativa a ausência de qualquer menção ou estímulo em relação à reconstrução do Templo de Jerusalém. É provável que tenha sido escrita depois da conquista de Alexandre, nos últimos decênios do século IV a.C.

Em todo o livro de Zacarias há termos apocalípticos, mas aparecem com mais frequência na segunda parte.

A grande contribuição desta parte do livro de Zacarias é a de despertar a esperança em um novo messias, um rei da casa de Davi (cf. Zc 12,7.8.10.12), humilde, pacífico (cf. Zc 9,9-10) e transpassado (cf. Zc 12,10).

O livro de Daniel

O nome *Daniel*, de origem hebraica, é entendido como "Deus é meu juiz".[16] Não se trata do mesmo *Daniel* mencionado em Ez 14,14.20; 28,3, juntamente com Noé e Jó. Seu livro é contemporâneo aos escritos de Macabeus (cf. 1Mc 2,60); deduz-se por sua teologia, conteúdo e situação histórica.

O livro de Daniel, que aparece como o quarto dos profetas maiores, traz em suas páginas uma forma nova de abordar os fatos da história. Relendo e aproveitando acontecimentos conhecidos do passado, o autor apresenta soluções para o presente e para o futuro de seu povo. O momento era crítico para o destino do povo de Israel que sofria sob a dominação dos selêucidas.

O gênero escolhido pelo autor é o *apocalíptico*, que conhecemos muito bem com o livro do Apocalipse do NT. Usando de grande sinais e revelações, ele conduz o leitor a uma situação que se encontra acima da realidade comum, onde as forças negativas e opressoras do povo são representadas de forma grandiosa e assustadora. Mas Deus se revela como infinitamente superior, e quando intervém a favor do seu povo tudo é transformado.

Não foi Daniel quem introduziu o gênero apocalíptico na Bíblia. Essa forma de narrar as intervenções de Deus na história pode ser identificada também em outros profetas: Ez 38s; Is 24–27; Zc 9-14, por exemplo.

O autor do livro de Daniel soube aproveitar diversos símbolos e imagens já conhecidos dos judeus para compor a segunda parte do livro. A figura do *Filho do Homem*, que é muito conhecida também por outros profetas como uma figura messiânica (96 ocorrências: 2 vezes em Isaías e 94 em Ezequiel), reaparece em Daniel (cf. 7,13; 8,17).

O tema *angelologia* (doutrina a respeito dos anjos) é tratado de forma bastante evoluída em Daniel (cf. Dn 7,10.16; 8,16-18; 9,21-23; 10,10-21; 12,1-13), e a doutrina da *ressurreição* é mais profunda em seus escritos do que em outros (cf. Dn 12,2s – mais notável do que em Jó e Ecl).

Apesar de o contexto da primeira parte do livro insinuar ter sido escrito no tempo da dominação babilônica (586 a.C. a 538 a.C.), há um bom

---

[16] Outra forma de entender o nome *Daniel* é *poder, de Deus*: *poder* da raiz semita *dnn* + o substantivo *el, Deus*.

tempo se afirma que sua redação data do século II a.C., o que explica o autor mostrar-se tão bem informado sobre os impérios que antecederam sua época.[17]

No cânon hebraico, o livro de Daniel não se encontra entre os Livros Proféticos, mas entre os escritos sagrados que formam a última parte de tal cânon. Mas a versão do AT em grego (a LXX), que teve início no século III a.C. com o domínio dos Ptolomeus, colocou *Daniel* junto com os Livros Proféticos, considerando-o um dos grandes profetas da Bíblia. Nesse período teriam sido acrescentados os capítulos 13 e 14, de estrutura mais popular, que relatam a sabedoria do profeta Daniel.

Daniel é um livro escrito em três línguas: o *início* (Dn 1,1–2,4a) e o *final* (Dn 8–12) foram escritos *em hebraico*; a *parte central* (Dn 2,4b–7,28), *em aramaico*; e a *parte deuterocanônica* (Dn 3,24-50.51-90; 13–14) não consta no original semita (hebraico ou aramaico), mas somente na versão *grega*.

Outra forma de agrupar Daniel pode ser:

- A *parte canônica* (Dn 1,1-12,13 com exceção de 3,24-90) – Divide-se em *duas seções*: narrativa (1,1–6,28) e apocalíptica (7,1–12,13).

- A *parte deuterocanônica* – Contém a *história de Susana*, uma jovem inocente que Daniel salva por sua sabedoria (13,1-64), a história dos sacerdotes de Bel, que Daniel desmascara (14,1-21), e a do *dragão*, que Daniel mata (14,22-42).

1. *Nos primeiros seis capítulos do livro de Daniel* (Dn 1–6), tem-se o núcleo histórico principal. Utilizando a história da deportação dos judeus para a Babilônia, o autor apresenta Daniel como um judeu que se encontrava na corte do rei Nabucodonosor (cf. Dn 1,1), mas com um novo nome, *Baltassar* (cf. Dn 1,7), dado pelos babilônios. Era um jovem com destacada sabedoria em relação aos demais, por isso trabalhava na corte do rei. Estavam com Daniel três jovens apresentados também como justos e piedosos. Mesmo diante de várias perseguições, Daniel e os três jovens se mostram sábios e fiéis a Deus.

---

[17] Confirma essa tese o fato de o livro de Daniel não possuir as características dos livros do período do exílio ou do tempo logo em seguida ao exílio, nos quais são comuns as lamentações sobre Jerusalém, a consolação aos exilados, a esperança no novo momento pela volta à Terra Prometida, como em Ez, Lm, Is 40–55.

O objetivo final de cada relato é a exaltação da grandeza e santidade de Deus (cf. Dn 2,46-48; 3,95s; 4,34; 5,29; 6,25-27).

– *O sonho do rei Nabucodonosor* (Dn 2) – Colocado o enigma do sonho do rei Nabucodonosor, Daniel foi o único capaz de resolvê-lo. No sonho, o rei vê uma estátua composta de várias partes de metais diferentes (cabeça, peito e braços, ventre e coxa, pernas e pés); um pedregulho a destrói. Cada parte do corpo é fabricada de quatro metais de qualidade decrescente (ouro, prata, bronze e ferro), e os pés, de barro ligado com argila (provavelmente misturado com metal cf. Dn 14,7). Tal estátua e suas partes são associadas aos reinos conhecidos pelo Povo de Deus: *ouro* (cabeça) – reino da Babilônia; *prata* (peito e braço) – reino dos medos (cf. Dn 6,1); *bronze* (ventre e coxa) – reino da Pérsia, cuja universalidade o próprio autor enfatiza: "Dominará toda a terra" (Dn 2,39); *ferro* (pernas) e *ferro e argila* (pés) – pés e dedos (Dn 2,41) "será um reino dividido" – reino dividido entre ptolomeus e selêucidas. Esses dois reinos são unidos por "semente humana" (v. 43): união entre Cleópatra, filha de Antíoco III, com Ptolomeu V. A poderosa estátua é destruída por uma pequena pedra, sem intervenção humana: Deus é quem age na história e destrói os poderosos deste mundo.

– *Estátua de ouro* (Dn 3). Como Daniel, os três jovens Sadrach, Mesach e Abdenego são testados e demonstram uma fé inabalável em Deus, mesmo diante da morte tida como certa na fornalha ardente. Deus intervém com um anjo, os três jovens são salvos, e os que tramaram contra eles são condenados e executados. Deus é exaltado no final.

– *Novo sonho do rei: árvore derrubada* (Dn 4) – Com esse relato, o rei Nabucodonosor sai de cena de uma forma humilhante: transforma-se em animal e somente retorna à sua forma humana quando reconhece o Deus de Daniel como único e verdadeiro.

– *A festa do rei Baltazar* (Dn 5) – O rei Baltazar, desconhecendo tudo o que aconteceu com o rei anterior, chega ao extremo de promover uma festa usando os utensílios do Templo de Jerusalém. Deus intervém com um sinal visível para todos. Uma mão escreve o veredicto de Deus sobre o rei: o reino desse monarca foi pesado, foi achado injusto e será dividido (cf. Dn 5,26-27).

– *Daniel na cova dos leões* (Dn 6) – Daniel novamente entra em cena para testemunhar que todo aquele que permanece fiel a Deus não fica sem o auxílio dos céus. Como na história dos jovens na fornalha ardente, Deus ajuda Daniel "fechando a boca dos leões" (cf. Dn 6,23); aqueles que tramaram contra ele é que têm o final que se esperava: são devorados pelos leões. O rei ao final reconhece o poder do Deus de Daniel.

2. *A segunda parte do livro de Daniel* (Dn 7–12), escrita no puro gênero apocalíptico, procura dar respostas e resgatar a esperança para os judeus que estavam sofrendo perseguição sob o domínio dos selêucidas (167-164 a.C.). A mensagem principal é a de que Deus haveria de intervir em breve a fim de destruir a opressão dos estrangeiros que dominavam Israel, uma história que começou com Nabucodonosor.

– *A visão das quatro feras* (Dn 7) – Trata-se de feras que saem do mar (na concepção dos judeus, lugar onde moravam os demônios e o mal): *leão*, símbolo da Babilônia; *urso*, representação dos medos; *Leopardo*, alusão aos persas; a última fera, por referir-se ao tirânico, opressor e violento império dos selêucidas, é descrita como *fera medonha*. Da parte de Deus surgirá o *Filho do Homem*, cujo reino irá perdurar para sempre.

– *A visão do carneiro e do bode* (Dn 8) – Os dois animais representam os últimos impérios que se impuseram sobre o povo de Israel. O carneiro personifica o império medo-persa que é vencido pelo bode, simbolizando o domínio dos gregos, sob seu chefe maior, Alexandre Magno. Intervém na história o anjo Gabriel, mandado por Deus para auxiliar Daniel a entender as visões.

– *A profecia das 70 semanas* (Dn 9) – Esse tempo proposto pelo profeta Jeremias (cf. Jr 29,10; 25,12) tem sua explicação com a ajuda do anjo Gabriel.

– *A grande visão da história* (Dn 10–12) – Esse bloco retrata com detalhes a situação em que se encontravam os judeus oprimidos pelos reinos gregos: selêucidas (Síria) e lágidas (Egito). Entra em cena o anjo Miguel como guerreiro de Deus. Mais detalhada é a narrativa da situação gerada pelo imperador tirano, Antíoco Epífanes IV, que tentou de todos os meios acabar com a cultura e a religião de Israel, inclusive profanando o Templo com uma estátua de Zeus (cf. 1Mc 1,54).

3. *As partes deuterocanônicas* (Dn 13–14*)* são histórias tendo mais uma vez a participação de Daniel; com sua sabedoria e a iluminação divina, resolve algumas situações em que denuncia a hipocrisia daqueles que

monopolizam a fé e a religião (cf. Dn 13), a idolatria e a manipulação por parte dos opressores (cf. Dn 14).

Os livros dos Macabeus e o livro de Daniel – Esses dois livros possuem alguns pontos em comum apesar de pertencerem a gêneros literários diferentes (Macabeus é histórico e Daniel é apocalítico), mas foram escritos provavelmente na mesma época (sob a dominação dos selêucidas – de 198 a.C. a 142 a.C.); ambos abordam temas iguais, por exemplo, a ressurreição dos mortos. No entanto, dão respostas diferentes para o mesmo problema (a tirania dos imperadores gregos, particularmente de Antíoco IV Epífanes). Enquanto os Macabeus são colocados como exemplo de judeus que se rebelam e lutam usando as mesmas armas dos tiranos (guerras e espada), Daniel é apresentado como um judeu fiel e justo, mas que vence o inimigo através da oração e da estrita observância dos princípios da Lei (sábado, jejum, oração, adoração exclusiva do Deus verdadeiro). Os dois livros bíblicos não se contradizem nem se opõem, mas representam grupos diferentes que ofereceram soluções diferentes para um mesmo problema. Ambos conseguem vencer o inimigo do Povo de Deus.

A *profecia e a apocalíptica*

Neste último período do AT, no tempo de dominação dos selêucidas, sob a tirania de Antíoco IV Epífanes, desenvolveu-se em Israel uma nova forma de ver os acontecimentos e, principalmente, de esperar a intervenção de Deus. Os textos apocalípticos floresceram e aumentaram nesse período, tendo como principal representante, entre os textos sagrados, o livro de Daniel, embora não seja o único.[18] O gênero literário apocalíptico é encontrado já no tempo dos principais profetas, mas, como nesse período predominava a linguagem e o estilo profético, pouco se desenvolveu.

Apesar das grandes semelhanças entre estes dois gêneros (profético e apocalíptico), há também boas diferenças entre eles. Historicamente se sabe que, com o passar do tempo, os profetas e a linguagem profética foram dando lugar ao estilo apocalíptico, e este teve seu ponto máximo no

---

[18] Outros escritos não canônicos que possuem o gênero apocalíptico: Livro dos Jubileus; I Enoque, IV Esdras – redigidos nesse período e durante o NT.

período da revolta dos Macabeus, estendendo-se por todo o NT – desde Paulo e os Evangelhos, culminando no livro do Apocalipse de São João.

A palavra *apocalíptica* vem do grego *apocalipse*, que significa *revelação*. Uma forte característica desse gênero literário é a de surgir em tempo de profunda perseguição ou de grave crise nas instituições religiosas (culto, templo, sacerdotes) e na fé judaica.

Estes dois gêneros não se opõem, mas parece que o apocalíptico se desenvolveu depois do profético. Eles dão respostas para as realidades futuras, porém essa função fica em segundo plano na linguagem profética, mas é primordial na literatura apocalíptica.

Os *profetas* se concentravam sobre o presente histórico em que viviam, movidos pela esperança de que, se todos se convertessem (desde os reis até o povo), o futuro seria diferente e melhor. A mudança e a vitória sobre o mal estavam, de certa forma, nas "mãos do povo", e Deus seria o seu principal aliado. Assim, o discurso dos profetas gira sempre em torno do reconhecimento dos pecados, da conversão e da mudança de vida. Os *apocalípticos* colocam a solução de uma realidade negativa na ação única e exclusiva de Deus, que intervém e resolve tudo sozinho; nesse caso, os homens justos complementam e convocam os eleitos a participar da realidade depois da ação divina. Tudo se apresenta de forma fantástica e grandiosa, com arrebatamentos e visões, com a finalidade de mostrar que, se o mal e a violência do mundo são grandes, maior é a ação de Deus. Enquanto para os profetas a ação de Deus se conjuga com a resposta do homem na realidade presente e no futuro, os escritores apocalípticos situam tudo em um nível celeste e cósmico, com anjos, seres místicos e intermediários, com revelações e símbolos próprios. Dessa forma, a esperança se restringe unicamente à ação de Deus, de quem depende também a solução. As mulheres e os homens devem se esforçar para permanecer justos e fiéis e, assim, ser dignos de participar desse novo tempo e realidade.

O livro de Baruc

Baruc (em hebraico significa *bento*), segundo o livro de Jeremias, foi companheiro e escriba desse profeta (cf. Jr 32,12 e Jr 36,26) e o acompanhou durante sua estada no Egito, depois da queda da Cidade Santa (cf. Jr

43,6s). Por esse motivo, o livro de Baruc aparece nos manuscritos da LXX, juntamente com o livro das Lamentações e a Carta de Jeremias, logo após o livro desse profeta. Já na Vulgata de São Jerônimo (séc. IV d.C.), a Carta de Jeremias torna-se o capítulo 6 de Baruc.

O livro que chegou até nós é um escrito do período grego, pois a introdução foi escrita em grego; já a oração de 1,15-3,8 (desenvolve a oração de Dn 9,4-19) deve ter sido redigida em hebraico e depois traduzida para o grego. A data mais provável da redação final desse escrito é meados do século I a.C. O autor deve ter sido um judeu que vivia fora da Terra Santa (na diáspora), utilizando o nome desse personagem histórico (pseudepigrafia[19]). Procura animar os judeus a se manterem em comunhão com Jerusalém, com o Templo e seus ritos.

Esse livro retrata as motivações daqueles judeus que procuravam resistir contra a idolatria e não se distanciar de Jerusalém, o que faziam através de cartas, orações pessoais e recordando, nas sinagogas, a história do passado do seu povo, das principais Leis e dos textos sagrados. Por isso, o autor apresenta uma profunda análise sobre o pecado: é uma perversão da ordem moral (cf. Br 2,12), rejeita a verdadeira sabedoria (cf. Br 3,9ss), opõe-se à Lei de Deus e dos profetas (cf. Br 1,18.21; 2,5.10.24). Para não cair no pecado, o fiel deve colocar-se humildemente junto de Deus e observar as leis da *Torah* (cf. Br 2,8.30ss; 4,1.28).

A parte principal do livro de Baruc (Br 1–5) é composta de uma introdução (1,1-14 – comunhão entre os exilados e os que ficaram em Jerusalém) e de três temas que supõem o povo de Judá exilado na Babilônia. A *primeira parte* (Br 1,15–3,8) é uma oração dos exilados na qual o autor reconhece a situação de todos como pecadores e os exorta à confissão dos pecados, mas renova as esperanças do povo na misericórdia divina. A *segunda parte* (Br 3,9–4,4) é um poema no qual se reconhece a grande sabedoria de Deus identificada com a sua Lei, e se exorta Israel a voltar-se para ela para ser feliz. O meio proposto pelo autor é a observância da Torá (= Lei). A *terceira*

---

[19] Pseudepigrafia consiste em utilizar o nome de algum personagem famoso para dar crédito ao escrito. Esse fenômeno é muito mais comum no período grego, em que não houve grandes escritos e profetas; assim, os novos escritos "emprestavam" o nome de algum personagem conhecido ao invés de utilizar o próprio nome (provavelmente desconhecido por todos e sem muito prestígio). Assim se explicam também os títulos de outros escritos: Terceiro Isaías, Segundo Zacarias e Daniel.

parte (Br 4,5–5,9), ainda na forma e no estilo de poema, Jerusalém é personificada e assim se dirige a seus filhos que estão no exílio, exortando-os à coragem e à perseverança na fé (cf. Br 4,5-29).

O capítulo 6 do livro de Baruc, conforme a maioria de nossas Bíblias (seguindo a Vulgata e também alguns textos sírios), é a *Carta de Jeremias*, que em alguns manuscritos gregos do AT aparece logo depois de Lamentações, como se fosse um livro à parte. O texto original parece ter sido escrito em hebraico e posteriormente traduzido para o grego. A Carta de Jeremias é um forte convite aos exilados na Babilônia para não caírem na idolatria, pois os ídolos não têm vida e são incapazes de ajudar qualquer pessoa. Nada representam nem podem prejudicar alguém, por isso repete sempre: "Por conseguinte, não os temais" (cf. Br 6,15.22.28.64.68), ou: "Como crer ou dizer que são deuses?" (cf. Br 6,39.44.49.55), ou "Quem não vê que não são deuses?" (cf. Br 6,51.63.68). Apesar de costumeiramente se atribuir essa pequena carta a Jeremias, o autor é desconhecido; pode ter sido escrita no fim do séc. IV a.C.

Dinastia asmoneia

Com a morte de Simão encerra-se a saga dos irmãos macabeus, que, a seu modo, procuraram libertar seu povo da opressão dos gregos selêucidas. Com João Hircano, filho de Simão, Israel volta a ter um rei e uma monarquia; começa assim a dinastia asmoneia. Desde a queda do último rei legítimo de Judá, em 598 a.C., com a invasão dos babilônios, o Povo de Deus sonhava ter de volta um rei que o governasse conforme o grande rei Davi.

João Hircano (134-104 a.C.), que sucede a seu pai, vinga-se imediatamente daqueles que o assassinaram. O livro de 1Mc termina apresentando o início das proezas e alguns feitos de João Hircano (cf. 16,24).

No seu reinado, os gregos, através de Antíoco VII, conseguem cercar Jerusalém (133 a.C.) e obrigam João Hircano, então rei de Israel, a lhes pagar tributo e a fazer uma parceria com eles, contra os persas. Para se livrar da tutela dos selêucidas, Israel apela aos romanos, com quem renova alianças conforme seus antepassados (126 a.C.). Roma socorre o país somente alguns anos depois, e mais tarde impõe sobre o Povo de Deus seu domínio imperial.

Durante seu reinado, Hircano procurou extirpar do meio do Povo de Deus todos os sinais da cultura grega: destruiu o templo no monte Garizim, cidade helenizada da Samaria, obrigou os idumeus e ituneus a adotar a circuncisão, entre outras iniciativas. Implantou uma política de intolerância contra qualquer cultura que não fosse a judaica.

Os hasidins, que lutaram ao lado dos macabeus desde o início, não ficaram contentes com a forma pela qual o rei João Hircano estava conduzindo seu reino, conjugando o poder político com o poder religioso. Depois de conflitos e mortes, os hasidins se separaram do rei e se constituíram um forte opositor ao reino dos asmoneus. Esse grupo são os descendentes dos fariseus, muito conhecidos no tempo de Jesus. A história que começou com os macabeus teve um novo momento com a dinastia asmoneia, da qual fez parte Herodes, que governou no tempo de Jesus.

Nesse período formou-se um grupo de judeus piedosos, chamado de Qumrã, que se distanciou de Jerusalém e foi viver no deserto, perto do Mar Morto. Esse grupo deu origem aos *essênios* (eram como os atuais monges), que viviam em comunidades isoladas, procurando cumprir todos os preceitos de pureza ritual e dedicando-se principalmente ao estudo e à multiplicação das Sagradas Escrituras. Em 1947 foram descobertos, nesse local, perto de Jericó, vários textos sagrados que datam de períodos até anteriores a Jesus Cristo.

A história da pequena nação de Israel com uma nova dinastia não foi muito feliz. Os descendentes de João Hircano, por meio de golpes e assassinatos, se revezaram no poder, seguindo o modelo dos povos vizinhos. Governaram o país subjugando o povo com impostos, fizeram alianças com estrangeiros e até montaram um exército de mercenários mantidos pelo povo judeu. Tudo tem um fim com a entrada e a imposição do domínio romano,[20] com Pompeu, no ano 63 a.C.

A presença dos romanos na região dá início a numa nova era de progressos em algumas áreas; em outras perdura a forma de impor e manter o poder.

---

[20] Para maiores informações sobre o período romano, consultar o volume 11 da Coleção Bíblia em Comunidade, *Sabedoria na resistência*.

Período entre o Antigo e o Novo Testamento

A história do período que chamamos de AT termina com uma realidade bastante negativa para o Povo de Deus e sua religião. A monarquia estabelecida por João Hircano não conseguiu restituir a Israel a identidade de Povo de Deus, como no tempo do rei Davi, o que todos sonhavam e esperavam.

A monarquia novamente decepcionou a todos. Assim, a esperança de transformação e de um novo tempo começou a ser forjada longe do palácio e do Templo, no meio do povo e entre os diversos grupos que se formaram, animados pelas revoltas e guerras iniciadas pelos macabeus e por outros grupos posteriores. Esses grupos são bem identificados no tempo de Jesus.

O AT termina com uma forte frustração em relação às estruturas que o Povo de Deus conheceu: os juízes passaram, os reis não deram certo, os profetas não conseguiram convencer o povo dos pecados contra Deus, as guerras santas acabaram colocando no poder novos reis, que passaram a dominar o povo como os reis estrangeiros.

Em quem depositar a esperança? Quem poderá realmente nos salvar e nos guiar pelos caminhos da lei? Como e quando virá o Messias de Deus? Essas e tantas outras perguntas foram feitas pelo Povo de Deus nos momentos de oração e nas preces. Tudo terá sua compreensão e significado com Jesus Cristo, enviado por Deus como Salvador.

Conclusão da quarta parte

Este último período histórico do AT influenciou significativamente muito mais que os últimos escritos da primeira parte da Bíblia. A língua e o pensamento grego não se perderam na história como aconteceu com os outros impérios, mas foram utilizados pelos romanos e também pelos autores cristãos do NT.

Alexandre Magno iniciou um grande império (300 a.C.), mas seus sucessores não souberam manter a herança do seu grande líder e, depois de divisões e guerras, o Império grego foi facilmente sucumbido pelo novo império que surgiu já próximo do final do AT: Império Romano.

Uma característica marcante dos dois últimos séculos antes da era cristã foi o desenvolvimento da literatura apocalíptica. Os autores, através de símbolos, e com uma linguagem marcada por imagens fortes, procuraram fortalecer a fé e a esperança dos judeus perseguidos e martirizados pelos reis tiranos. Nasceu, assim, a esperança por um tempo novo, sem sofrimento, que tem sua maior expressão após esta vida. Assim, a fé na ressurreição se revela como uma grande força e encorajamento para todos.

Todas essas esperanças têm seu ponto de chegada em Jesus Cristo. Ele é a força de Deus e nele todos terão a vitória sobre o mal não somente neste mundo, mas uma vitória plena e eterna.

CONCLUSÃO

Imagino que após fazermos essa leitura sobre o Antigo Testamento, com o olhar voltado para nosso Pai Criador, podemos afirmar que a bonita história de Jesus Cristo foi antecedida de muitas experiências de fé e de vida de incontáveis pessoas que experimentaram o profundo amor do Pai, contaram suas experiências, e uma expressiva quantidade delas encontram-se na primeira parte de nossas Bíblias.

Um *longo projeto de comunhão*, assim podemos resumir essas experiências e fatos contados no Antigo Testamento. Nosso Deus Pai quis construir um longo Projeto, que se estendeu por muitos anos, através de homens e mulheres. Pouco a pouco ele foi se revelando um Deus apaixonado pela sua gente, não obstante as inúmeras infidelidades e pecados. Mas essa é também a nossa história de filhos e filhas de Deus: em certos momentos estamos profundamente ligados a Deus e seu Projeto; em outros momentos padecemos pelos nossos erros e pecados. Altos e baixos na história do Povo de Deus, como também em nossa história. Por isso, a leitura do Antigo Testamento deve nos ajudar na nossa caminhada de fé, pois se nos identificamos com essa gente nos erros, devemos aprender com esse povo a nos levantar, erguer a cabeça e retomar a comunhão com o Pai.

Jesus Cristo é o centro da nossa fé e da nossa história cristã. Mas para chegar até esse momento como plenitude da história, temos o rosto de nosso Pai estampado nas histórias do Povo de Deus, no Antigo Testamento. Um Projeto de Amor que tem seu encontro máximo no Filho Jesus Cristo. Dessa forma, a Bíblia nos propõe que, antes de fazemos a experiência de irmãos e irmãs em Jesus Cristo no Novo Testamento, somos chamados a fazer a experiência, com o Antigo Testamento, de sermos filhos e filhas do nosso Deus e Pai Criador.

BIBLIOGRAFIA

GASS, Ildo B. *Exílio babilônico e dominação persa*. São Paulo: Paulus/CEBI, 2004. (Col. Uma introdução à Bíblia, v. 5.)

_____. *Formação do império de Davi e Salomão*. 4. ed. São Paulo: Paulus/CEBI, 2003. (Col. Uma introdução à Eíblia, v. 3.)

_____. *Formação do povo de Israel*. 4. ed. São Paulo: Paulus/ CEBI, 2002. (Col. Uma introdução à Bíblia, v. 2.)

_____. *Período grego e vida de Jesus*. São Paulo: Paulus/CEBI, 2004. (Col. Uma introdução à Bíblia, v. 6..)

_____. *Porta de entrada*. 9. ed. São Paulo: Paulus/ CEBI, 2002. (Col. Uma introdução à Bíblia, v. 1.)

_____. *Reino dividido*. São Paulo: Paulus/ CEBI, 2003. (Col. Uma introdução à Bíblia, v. 4.)

HARRINGTON, Wilfrid J. *Chave para a Bíblia*. 3. ed. São Paulo: Paulinas, 1985.

MEDEIROS, José M. *Panorama da História da Bíblia*. 9. ed. São Paulo: Paulus, 1987.

PULGA, Rosana. *Beabá da Bíblia*. São Paulo: Paulinas, 1995.

SAB. *A comunidade renasce ao redor da Palavra*; Período persa. 5. ed. São Paulo: Paulinas, 2010. (Col. Bíblia em comunidade; série visão global, v. 9.)

_____. *As famílias se organizam em busca da sobrevivência*; Período tribal. 6. ed. São Paulo: Paulinas, 2010. (Col. Bíblia em comunidade; série visão global, v. 4.)

_____. *Bíblia, comunicação entre Deus e o povo*. 9. ed. São Paulo: Paulinas, 2010. (Col. Bíblia em comunidade; série visão global, v. 1.)

_____. *Deus também estava lá;* Exílio na Babilônia. 4. ed. São Paulo: Paulinas, 2010. (Col. Bíblia em comunidade; série visão global, v. 8.)

_____. *Em busca de vida, o povo muda a história;* Reino de Israel. 4. ed. São Paulo: Paulinas, 2009. (Col. Bíblia em comunidade; série visão global, v. 6.)

_____. *Entre a fé e a fraqueza;* Reino de Judá. 4. ed. São Paulo: Paulinas, 2010. (Col. Bíblia em comunidade; série visão global, v. 7.)

_____. *Fé bíblica: uma chama brilha no vendaval;* Período greco-helenista. 5. ed. São Paulo: Paulinas, 2010. (Col. Bíblia em comunidade; série visão global, v. 10.)

_____. *Iniciação à leitura da Bíblia.* São Paulo: Paulinas, 2007.

_____. *O alto preço da prosperidade;* Monarquia unida em Israel. 4. ed. São Paulo: Paulinas, 2005. (Col. Bíblia em comunidade; série visão global, v. 5.)

_____. *O povo da Bíblia narra suas origens.* 7. ed. São Paulo: Paulinas, 2010. (Col. Bíblia em comunidade; série visão global, v.3 .)

_____. *Sabedoria na resistência;* Período romano. 4. ed. São Paulo: Paulinas, 2010. (Col. Bíblia em comunidade; série visão global, v. 10.)

_____. *Terras bíblicas: encontro de Deus com a humanidade.* 8. ed. São Paulo: Paulinas, 2010. (Col. Bíblia em comunidade; série visão global, v. 2.)

ANEXOS

Anexo 1 – Do Egito às portas da Terra Prometida

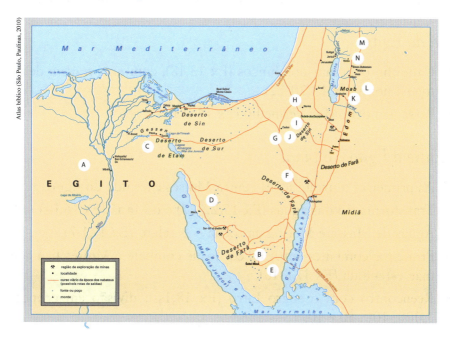

A) *Egito (I)*

- Situação do povo hebreu (Ex 1,1-22).
- Nascimento e milagre com Moisés (Ex 2,1-10).
- Crime e fuga de Moisés (Ex 2,11-14).

B) *No Sinai (I)*

- Chamado de Moisés (Ex 3,1-10).
- Nome de Deus: Javé (Ex 3,13-16).
- Sinais de comprovação (Ex 4,1-17).
- Convocação de Aarão (Ex 4,13-15).

C) No Egito (II)

- Primeira missão fracassa (acirram o trabalho – Ex 5,1-22) e a segunda missão com sinal: bastão se transforma em cobra (Ex 5,8-13).
- As pragas contra o Egito (Ex 7,14–13,16).
- Tudo acontece ao redor do rio Nilo e na terra de Goshen (Ex 8,18).
- *Primeira Páscoa* (Ex 12,1-28) e morte do primogênito (Ex 12,29-30).

Saída do Egito

- Caminho pelo mar dos Juncos (Ex 13,18), com uma *nuvem* de dia e *fogo* à noite (Ex 13,20-22).
- Passagem pelo Mar Vermelho (Ex 14–15)

D) Entre o Egito e o Sinai

- As primeiras murmurações contra Moisés e a saída do Egito.
- Transformação das águas (Ex 15,22-27) e o Maná (Ex 16,1ss).
- Águas de Massa e Meribá da rocha – 1º relato (Ex 17,1-7).
- Primeiros combates em Amaleq. Josué combate e Moisés fica com a mão estendida (Ex 17,8-16).
- Reencontro com o sogro Litro (Ex 18,1ss): divisão em grupos de 1.000, 100, 50 e 10.

E) No Sinai (II)

- No *terceiro mês da saída do Egito*, chegam ao Sinai (Ex 19,1). Manifestações no Sinai: a preparação (Ex 19,10-19) e o Senhor desce sobre o Monte e Moisés sobe (Ex 19,20).
- Decálogo (Ex 20,1-71), leis (Ex 20,22-32) e aliança (Ex 24,1-11).
- Instrução para a construção da *Arca* (Ex 25,10-40) e normas para a construção da Tenda (Ex 26,1-37). Orientações para altar, sacerdotes, vestes (Ex 27–31), leis cultuais (Ex 35–40) e outras construções.
- *Bezerro de Ouro* (Ex 32), mas Javé renova a aliança (Ex 38). A nuvem se desloca para a Tenda (Ex 40,34-35).

Todo o livro do Levítico

- Deus inicia falando com Moisés da tenda do encontro; normas para os sacrifícios, holocaustos, vestimentas sacerdotais e a Lei da Santidade.

Nm 1–10,28

- O Senhor fala da tenda no Sinai; 1º recenseamento (Nm 1–4); dedicação do Santuário (7); Levitas (Nm 8).
- *Segunda celebração da Páscoa*: um ano depois (Nm 9,1-14).
- Fazem trombetas (Nm 10,1-11) e se põem em marcha.

F) Do Sinai a Qadesh

- Outras murmurações (Nm 11,1ss).
- Pedem carne (Nm 11,4) e têm as codornizes (Nm 11,31).
- Pedem partilha de autoridade: Miriah tem lepra, é excluída; Aarão é poupado (Nm 12,1ss).
- Os primeiros exploradores (Nm 13,1ss): *ficam 40 dias*; o povo aguarda em Qadesh.

G e H) Em Qadesh

- Os primeiros exploradores: sobem do Negueb, chegam até o Hebron (Nm 13,22) e depois ao Vale de Eshkol (norte de Hebron).
- Exploradores falam que o povo daquela terra é poderoso e gigante (Nm 13,28-33) e o povo se revolta contra Moisés e Aarão. Querem voltar para o Egito.

I) De Qadesh a Moab

- Moisés e Yahweh decidem: todos os murmuradores deverão morrer no deserto (Nm 14,31).
- O Povo de Deus deverá morar no deserto *como pastores por 40 anos* (Nm 14,34); tempo gasto pelos exploradores (40 dias).
- Novas murmurações contra Moisés e Aarão (16,1ss); opositores são engolidos vivos (Nm 16,32s).
- Bastão florido de Aarão (Nm 17,16-26).

J) Em Qadesh, Miriah morre (28,1)

- Reclamam pela falta de água; Moisés faz jorrar água em Massa e Meribá (2º Relato – Nm 20,11s).
- De Qadesh enviam mensageiros a Edom (20,14s). Aarão é punido pelo fato das águas de Meribá; é deposto e Eleazar passa a ocupar o seu lugar (Nm 20,24-29).
- Sobem até Horma (Nm 20,27); de lá partem pelo caminho do mar dos Juncos (Nm 21,4).
- As primeiras vitórias contra os emonitas (Nm 21,21-25).

K) Acampam às portas de Moab

- O rei contrata Balaão, um adivinho, para amaldiçoar Israel (Nm 22,6ss). O adivinho não consegue, e Javé fala através da jumenta. Javé põe na sua boca a bênção (Nm 23,5-10).

L) Em Setim o povo se prostitui

- Entrega-se à prostituição com as filhas de Moab (Nm 25,7ss).
- Outro recenseamento (após os 40 anos) com os novos filhos de Israel (Nm 26,1ss); não havia mais ninguém do primeiro recenseamento (Nm 26,64s).
- Moisés recebe a notícia de que não vai entrar na Terra Prometida por causa do pecado no deserto de Sin (Nm 27,12-14).
- Moisés encabeça a guerra contra os madianitas (Nm 31,1ss); os guerreiros fazem as mulheres cativas, mas Moisés manda matá-las (Nm 31,14-18).
- Primeiros combates a leste do Jordão (Nm 32).
- Resumo da história do Egito até as portas do Jordão (Nm 33–34).

M) Às portas da Terra de Canaã (Dt)

- *Livro do Deuteronômio*: últimas palavras de Moisés além do Jordão no deserto na Arabá (Dt 1,1ss); últimas palavras e o discurso final; por fim, a sua morte (Dt 34).

Anexo 2 – Mapas bíblicos

Mapa 1 – Terra Santa

Mapa 2 – Saída do Egito

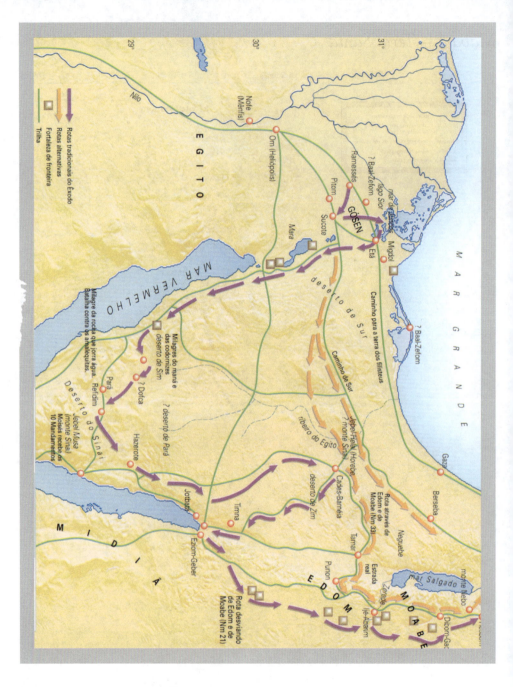

Mapa 3 – Ocupação da Terra Prometida

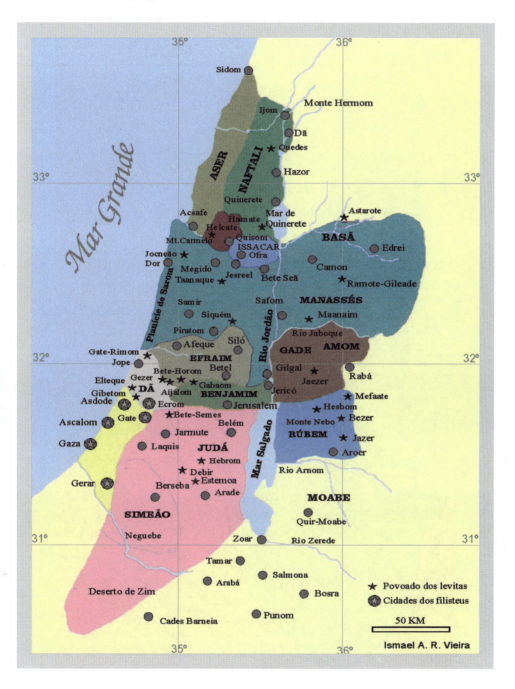

Mapa 4 – Reino de Davi e Salomão

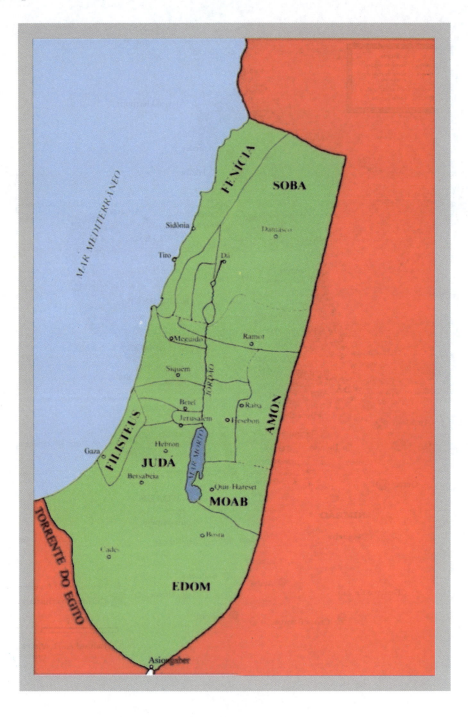

Mapa 5 – A divisão do reino de Davi em Israel e Judá

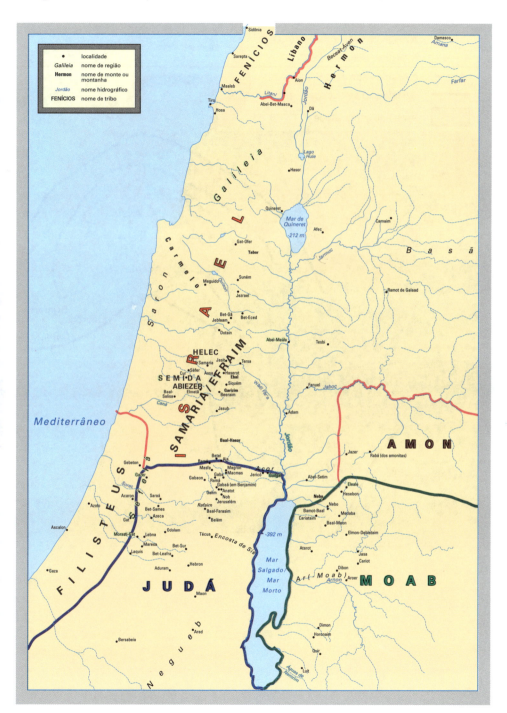

Mapa 6 – Território do Império Assírio

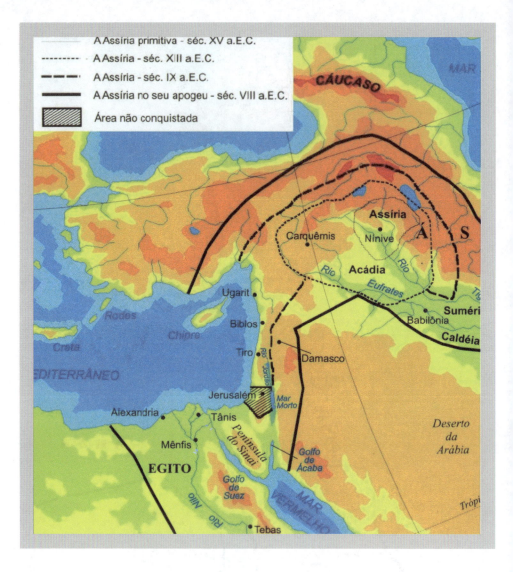

Mapa 7 – Território do Império Babilônico

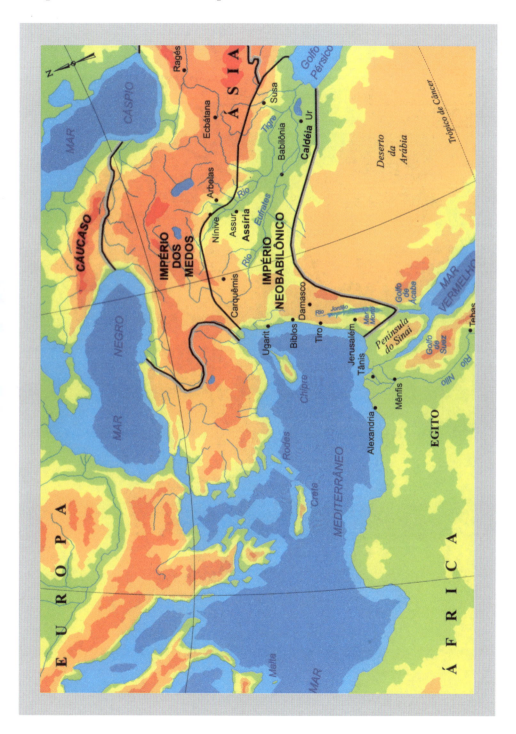

Mapa 8 – Cidade natal de alguns profetas

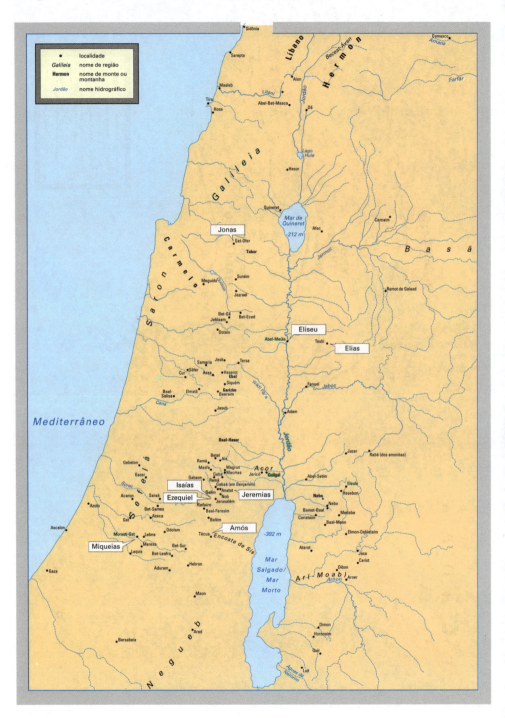

Mapa 9 – Grande Império Persa

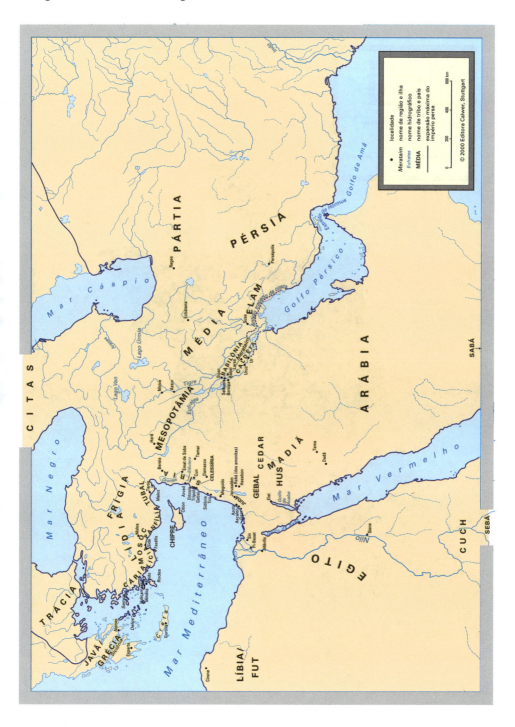

Mapa 10 – A Palestina na época dos Macabeus

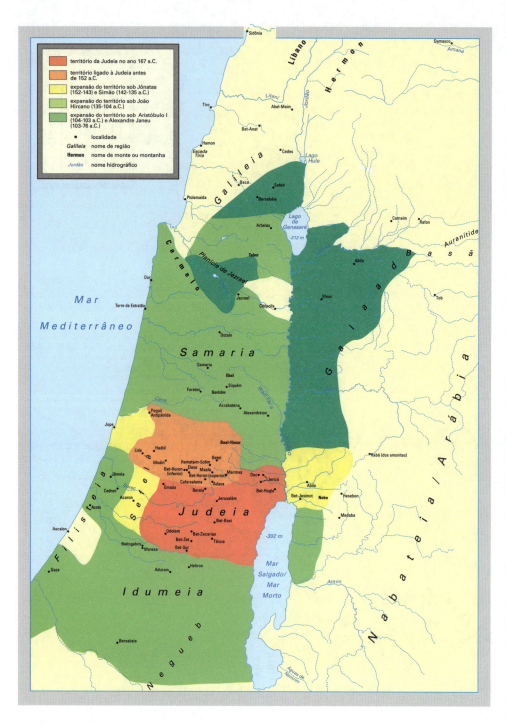

Impresso na gráfica da
Pia Sociedade Filhas de São Paulo
Via Raposo Tavares, km 19,145
05577-300 - São Paulo, SP - Brasil - 2019